Manual de Instruções para a Vida

As Sete Leis que Regem o Universo

Rovani Ferreira

Manual de Instruções para a Vida

As Sete Leis que Regem o Universo

MADRAS

© 2020, Madras Editora Ltda.

Editor:
Wagner Veneziani Costa (*in memoriam*)

Produção e Capa:
Equipe Técnica Madras

Revisão:
Arlete Genari

Dados Internacionais de Catalogação na Publicação
(CIP)(Câmara Brasileira do Livro, SP, Brasil)

Ferreira, Rovani
Manual de instruções para a vida: as sete leis que regem o universo/Rovani Ferreira. – 1. ed. – São Paulo: Madras Editora, 2020.

ISBN 978-65-5620-009-5

1. Espiritualidade 2. Qualidade de vida 3. Sabedoria (Gnosticismo) 4. Universo I. Título.

20-45337   CDD-133.9

Índices para catálogo sistemático:
1. Espiritualidade 133.9
Aline Graziele Benitez – Bibliotecária – CRB-1/3129

É proibida a reprodução total ou parcial desta obra, de qualquer forma ou por qualquer meio eletrônico, mecânico, inclusive por meio de processos xerográficos, incluindo ainda o uso da internet, sem a permissão expressa da Madras Editora, na pessoa de seu editor (Lei nº 9.610, de 19/2/1998).

Todos os direitos desta edição reservados pela

MADRAS EDITORA LTDA.
Rua Paulo Gonçalves, 88 – Santana
CEP: 02403-020 – São Paulo/SP
Caixa Postal: 12183 – CEP: 02013-970
Tel.: (11) 2281-5555 – (11) 98128-7754
www.madras.com.br

Agradecimentos

Na minha mente, há uma lista quase infinita de pessoas que, de alguma maneira, me ajudaram a conseguir este feito, mas acho que você não teria paciência para ler. Assim, simbolicamente, quero expressar minha imensa gratidão a todas essas pessoas, mencionando:

Rogério Ferreira, Maria Arlete Ferreira, pela vida e oportunidade de estar aqui.

Rinaldo e Ricardo, por tudo que fizeram por mim.

Christtine, pela sua existência, por seu amor, parceria e seu encorajamento.

Jerri Leu, pelo suporte que me dá sempre, companheirismo, amor, carinho e respeito.

Vera, Oberdam, Orjana, Jane, Maria Clara e Ananda, toda esta família, mais que unida, é um porto seguro.

Elis Busanello, pela ideia, pelo incentivo e apoio energético.

Gabriele Ribas, pela condução e orientação amorosa.

Paula Piai, pela imagem e pelo cuidado.

José Cordeiro, pelas provocações com os pergaminhos de Ísis.

Equipe Triângulo, pelo tempo que me proporcionaram.

Samira Rocha, por todos os convites e pelas oportunidades.

Fraternidade Filhos de Órion, grupo querido de meditação e estudos.

Clientes e grupos de viagens, pela confiança.

UNIPAZ, por ter lapidado a pedra;

Leila Blauth e todos os amigos.

Gabriela Irigaray, Carlos Torres, Juliana e Pedro Rempel, pela "profecia" deste livro.

Isabel Otto e todos os professores e mestres.

SOU GRATIDÃO!

Índice

Prefácio 9
Apresentação 11
Vamos Iniciar Nossa Caminhada... 19
   1 – A Motivação/Sensibilização/o Problema 23
   2 – Hermetismo – a Origem da Informação
       e a Inspiração 35
   3 – Como Você Pode Utilizar Este Manual
       para Reformular Sua Vida 43
   4 – Prepare-se para Conhecer as Leis
       do Universo e da Vida 47
   5 – Acessando a Misteriosa Sabedoria Ancestral 51
   6 – Os *Insights* – o Passo a Passo 57
   7 – 1º Princípio: MENTALISMO 61
   8 – 2º Princípio: CORRESPONDÊNCIA 77
   9 – 3º Princípio: VIBRAÇÃO 89
  10 – 4º Princípio: POLARIDADE 105
  11 – 5º Princípio: RITMO 121
  12 – 6º Princípio: CAUSA e EFEITO 139
  13 – 7º Princípio: GÊNERO 151
Considerações 163
Importante... 165
Namastê 169
Sobre a Autora 171
Referências 175

Prefácio

Quando Rovani me apresentou a sua ideia do *Manual de Instruções para a Vida* e falou sobre as leis herméticas, meu coração bateu mais forte. *Que lindo, que lindo!!!* – pensei entusiasmada.

Como se dentro de mim uma pecinha se encaixasse, como se dentro de mim uma nova qualidade despertasse... Sim... senti abrindo uma janela no meu ser...

Deixei o sol entrar, o sol da consciência, iluminando cada uma das sete leis herméticas que Rovani apresenta generosamente nesta obra.

É uma honra ser uma das primeiras a ler este manual, e ainda participar da sua construção. Ver nascer, desde o início, apreciar o florescer da ideia, até a sua manifestação... me traz um contentamento aconchegante.

Em cada página, tive a sensação de estar sentada em um café com Rovani, e aí, ela contando desse universo da sabedoria antiga em um bate-papo terapêutico.

Eu me senti numa jornada interior atravessando os portais das escolas de mistérios, sociedades secretas e princípios herméticos... uma verdadeira aventura!

Mas já alerto, este não é um livro que vai "passar a mão na sua cabeça"... em alguns momentos, vai nos convidar a ficar cara a cara com reflexões que trazem uma profunda autorresponsabilidade.

E ao mesmo tempo... motiva a liberdade para renovar nossas escolhas e decidir novos passos, mais alinhados com o que realmente somos e desejamos experimentar...

Exemplos didáticos e de fácil compreensão, exercícios instigantes, dicas importantes, tudo fluindo com compromisso, evolução e consciência.

Olhar nossas feridas pode doer, mas também pode curar. Abracei esse convite com autogentileza e compaixão... uma bela oportunidade de aprender a cocriar com a vida.

A vida é um presente que se renova a cada amanhecer. Cada momento é uma nova oportunidade para colocar em prática o que aprendemos.

Agradeço a oportunidade de revisitar as leis neste lindo escrito de corpo e alma, que agora ganha asas, ganha o mundo.

Voa, livro, pelas mentes e corações abertos a uma mensagem de bem, que transforma, empodera, traz lucidez, pé no chão e na imensidão!

Parabéns, Rovani, por traduzir e tornar acessível algo tão profundo e ancestral, com tanta simplicidade e praticidade. Gratidão por nos presentear com suas palavras, por presentear o mundo, com a sua visão do *Manual de Instruções para a Vida – As Leis que Regem o Universo*.

Querido leitor, aproveite para saborear cada página e se sintonizar ainda mais com a abundância, benevolência e magia do Universo.

Com carinho,

Gabriele de Oliveira Ribas

Escritora

Apresentação

Olá, sou Rovani Ferreira e estou aqui para revelar a você algo muito importante, que acredito que possa transformar positivamente sua forma de ver a vida e o mundo. O que vou apresentar aqui é um conhecimento ancestral, originário do Antigo Egito, do período pré-faraônico, que se estendeu às primeiras dinastias. Naquela época, os ensinamentos eram passados de mestre a discípulo de forma secreta e oral, e só mais tarde começaram a ser registrados pela escrita em idiomas sagrados (códigos que, por serem difíceis de decifrar, são hoje considerados línguas mortas).

Nos dias atuais, temos acesso apenas a "retalhos" dessas obras. Ainda são poucas as pessoas que detêm esse tipo de conhecimento, e aquelas que beberam dessa fonte ganharam uma nova visão para ter uma vida mais próspera, realizada, tranquila, em harmonia com o Todo.

Acredito que tenho em minhas mãos uma infalível "receita" para transmitir a você. Uma receita que me ajudou muito a saborear a vida com prazer e leveza. Nela descrevo as poções exatas de cada ingrediente e o método de como fazer para simplificar a vida e compreendê-la melhor. Acrescentei ingredientes advindos da ciência, da filosofia, de tradições antigas e do hermetismo, cujas lições foram utilizadas na cabala, no tarô, na Rosa-Cruz, no judaísmo, budismo, hinduísmo, taoísmo, cristianismo, entre outras religiões e filosofias de vida.

Viajante e curiosa que sou, fui buscar nas mais diversas tradições e sabedorias antigas as bases do conhecimento para construir minha vida de uma forma mais consciente e plena. Aprendi que posso viver fazendo o que gosto, após conhecer o que me traz bem-estar. Escolhi morar perto do mar, trabalhando com o que amo. Assim, conquistei a liberdade de viver como quero viver, por isso tenho profunda e verdadeira gratidão por tudo que há na minha vida hoje.

Andei e naveguei por terras, mares e sagrados rios. Na bagagem trouxe elixires, néctares, leites, essências e águas de fontes como: yoga, tradição nórdica, celta, tupi-guarani, xamanismo, numerologia pitagórica e cabalística, Seicho-No-Ie, física quântica, Grande Fraternidade Branca, Unipaz. Recolhi valiosos conselhos e exemplos dos meus sábios pais e de professores, acrescentei coisas que aprendi com os pacientes em consultório, nos grupos que conduzi, nos inúmeros cursos que fiz ao longo dos 50 anos de existência neste corpo.

Para esta receita, importei ingredientes de outros tempos e de civilizações desaparecidas, mas também acrescentei especiarias daqui de perto, daqui de casa e de dentro de mim. Nessas andanças, por continentes como África, Ásia, Europa e Américas, explorando o Egito no Oriente Médio, Monte Sinai na Ásia, Índia no Oriente e nas leituras, estudos, práticas e meditações, descobri que existem leis que são comuns a todas essas fontes e tradições das quais bebi e que, portanto, são universais.

O que seriam leis universais? São aquelas das quais não há como se escapar. A lei da gravidade, por exemplo, age sobre tudo e todos na face da Terra. Uma pessoa que tenha estudado física sabe da existência da lei da gravidade e consegue até defini-la e conceituá-la. Essa pessoa está sujeita à lei da gravidade da mesma forma que uma pessoa que nunca a estudou e a ignore completamente.

Este *Manual de Instruções para a Vida* foi, principalmente, inspirado e embasado em um grandioso livro que chegou às minhas mãos: uma fascinante obra escrita em 1908, de autoria anônima, sob o pseudônimo Três Iniciados, publicado há mais de um século na língua inglesa e mais tarde traduzida para a língua portuguesa. Considero de extrema beleza, profundidade e relevância esse conteúdo, que hoje é de domínio público, porém ainda pouco conhecido, por isso resolvi dar a minha humilde contribuição para popularizar este livro: *O Caibalion*, que, apesar de ser pequeno em quantidade de páginas, é de um conteúdo denso. Recomendei essa leitura a muitas pessoas, mas a maioria delas desistiu de terminar por achar um texto de difícil compreensão. A minha contribuição vem com o intuito de traduzir essa obra para uma linguagem mais simples, acessível, contemporânea e prática.

Assim, do meu jeito simples e descomplicado (como a vida pode ser), criei esta receita de viver, baseada nas leis que descobri serem universais e comuns a todas as tradições mencionadas e que atuam sobre tudo o que existe. Descobri que é mais fácil viver quando se conhece as leis e se sabe como beneficiar-se delas, e isso fez surgir em mim uma vontade enorme de compartilhar esse conhecimento, pois se fez tão bem a mim, certamente fará bem ao outro. Mas como fazer isso? Não queria apenas escrever sobre elas, visto que isso foi feito por outros autores, mesmo que parcial ou separadamente, além de que não seria suficiente as pessoas apenas tomarem conhecimento delas. Foi então que brilhou uma ideia: as pessoas bem que poderiam ter um manual, como um "modo de fazer", um passo a passo, para conseguirem colocar em prática toda essa sabedoria ancestral.

Este manual, portanto, foi pensado para você e para todos os que quiserem viver melhor. Aqui será apresentada a teoria, mas o grande diferencial está nos **exercícios práticos** criados especialmente para que você aplique cada uma dessas leis na sua vida cotidiana. Você verá como é simples viver bem com tudo e com todos.

Posso ser sua guia?

Quando vamos fazer uma viagem para um lugar desconhecido, sempre é bom sermos acompanhados por um guia local. Alguém que possa nos indicar caminhos, mostrar possibilidades... O guia não pode caminhar por você, mas pode orientá-lo a ter uma melhor experiência ao longo da jornada.

Estou aqui oferecendo-lhe minha companhia nesta incrível viagem chamada vida. Saiba que conheço bem o que às vezes se passa dentro de você.

Preciso que compreenda que não somos diferentes.

Eu sei o que são as tensões, os vazios, as inquietudes que sente, sou capaz de sentir. Às vezes, lutamos procurando paz, mas parece impossível alcançá-la, não é? Eu entendo bem os esforços e todas as tentativas para resolver situações e conflitos no trabalho, na família, na vida amorosa e nos relacionamentos sociais. Por vezes, temos a impressão que o peso do mundo inteiro está sobre nossos ombros, sentimo-nos na obrigação de carregar, mas com quais forças?

As dúvidas são tantas! Em relação ao amanhã então? Quanta insegurança sentimos a respeito do futuro! É um sentimento cruel a inquietação de não saber se amanhã as pessoas que amamos ainda estarão conosco. E quantas saudades daqueles que se afastaram, saudades daqueles tempos bons que não voltarão mais. A carência nos dá a entender que não somos tão amados quanto merecemos.

Ninguém entende nossas mágoas e tristezas por tudo o que fizeram contra nós, pela incompreensão, pela ingratidão, pelas ofensas, pelas palavras rudes que recebemos. Como é ruim a percepção de que elas não reconhecem nosso trabalho e esforço para sermos bons. São tantos os pensamentos que povoam nossa mente que não sabemos qual resolver primeiro. Como definitivamente acabar com os conflitos em casa, ou trabalho, se parece que não há quem possa ouvir nosso desabafo? Ninguém parece ter tempo para conversas sérias, é tudo tão superficial. Também nos falta coragem para falar dos nossos sentimentos e apresentar uma proposta qualquer.

E como sentimos medo em silêncio! Medo de perder o que temos, medo de não sermos tão bons como esperam de nós, medo de não agradar as pessoas, de não dar conta das obrigações da vida. Medo que descubram o nosso íntimo, medo que alguém descubra as nossas verdades e as nossas mentiras, medo de falar o que sentimos e de que nos interpretem mal.

E o que sentimos quando caímos sem alcançar nossos sonhos? Estávamos tão decididos, mas aquelas quedas foram duras demais! Não foi possível cumprir nossos próprios planos, vacilamos e desanimamos com promessas que fizemos a nós mesmos. Pode ser que você já tenha se sentido pequeno diante dos seus sonhos que não se realizaram. Como é difícil ter expectativas e ver que não são alcançadas.

Há ainda os remorsos, aquelas faltas que cometemos, a culpa pelos erros que praticamos no passado. Por causa disso, às vezes, choramos e nos encontramos em um profundo sentimento de solidão. Aí as coisas perdem a beleza, a graça, o sabor, a cor, e acabamos por nos tornar indiferentes e mais isolados, fazendo com que tudo acabe ficando entediante, pois o mundo parece insensível às nossas necessidades.

O que falar sobre o cansaço? Ninguém percebe nosso esforço para conseguir dar conta de todas as tarefas que caem sobre nós, e sempre acham que é pouco. Sentimo-nos presos, acorrentados a obrigações e normas: temos que ajudar, ser exemplo, temos que trabalhar, temos que cuidar, que resolver, mas gostaríamos de não ter que abrir mão dos nossos desejos, nem renunciar as coisas que queremos tanto! Pouca coisa temos feito por nós mesmos. Temos vivido para satisfazer os outros. Apesar de ajudar outras pessoas com tanto esforço, sofremos traições, decepções, amarguras e revoltas.

No trabalho, as exigências, o autoritarismo, aquele ambiente tóxico com invejas, fofocas e remuneração insuficiente. E vão acumulando-se as tensões!

Há também tensões na família, que depende de nós para tudo e nos consome. Conflitos constantes e até brigas já aconteceram. Todos querem ter razão, controle, surgindo mais cobranças e desrespeito à nossa individualidade.

Além disso, como olhar as injustiças do mundo, como fome, guerras, disputa desleal pelo poder, corrupção, legislação para autobenefício dos políticos, falsidade, repressão social, desigualdade e desonestidade generalizada? Como não se revoltar? Como viver assim?

O nível de tensão, angústia, ansiedade e depressão pode ser tremendo e vir a ser insustentável, desencadeando sintomas de desequilíbrio e doenças, como a insônia ou sono excessivo. Descontamos comendo muito ou perdendo o apetite. Falta-nos a libido ou a temos em excesso, sem contar a possibilidade de surgirem outros transtornos que nos tiram do eixo.

Tudo isso nos faz sentir como um pequeno barco num oceano gigante e bravo. Como é desafiante conquistar a almejada harmonia íntima. Como dói ser tão limitado e tantas vezes não saber qual caminho seguir. Será que não poderia ser mais fácil? Estamos aqui para sofrer?

Querido leitor, estamos todos no mesmo barco chamado vida. Ela é uma escola, mas não é para sofrer. Todos estamos aqui para aprender e evoluir, e não para sofrer. Aprendizado não é sinônimo de sofrimento, e evolução não significa punição. Por essas razões que estou escrevendo para você. Preciso que saiba que entendo como se sente. Mas se quiser continuar vivendo assim, eu não posso apoiá-lo.

Existem algumas chaves que devem ser viradas para que possamos viver a vida que sonhamos, eliminar todos os conflitos. Para isso, primeiramente, é preciso querer mudar.

Mudar o quê? Mudar os outros? Mudar de emprego? Mudar o mundo? Não! Fica comigo, pois vou lhe explicar direito o que você pode mudar, por que mudar e como mudar. Vou mostrar quem é o verdadeiro responsável por todos esses sentimentos e onde estão os remédios para todas essas dores.

Venha comigo! Quero ser sua guia e lhe oferecer uma chave de conhecimento. No entanto, para acessar essa sabedoria, é preciso virar a chave, virar as páginas não só deste livro, mas as que estão aí dentro de você!

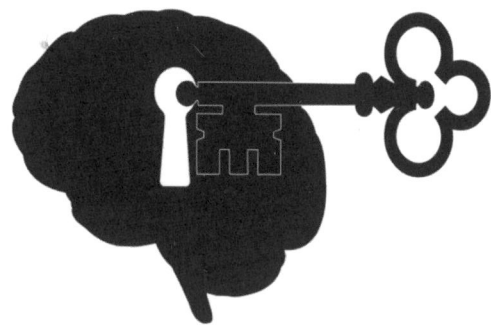

Vamos Iniciar nossa Caminhada...

É oportuno esclarecer que este não se trata de um livro religioso. Particularmente, respeito todas as religiões, já estudei algumas e percebi que de todas é possível extrair bons ensinamentos. No decorrer de sua leitura, você se deparará com a expressão "O Todo", que, segundo a ótica do hermetismo, significa a **Realidade Substancial**. Substância é aquilo que está na base de todas as manifestações. É o elemento essencial, a essência infinita e eterna. É o absoluto, a vida,[1] a mente, a energia, o espaço e a matéria. Nas diferentes religiões, encontram-se termos como: Yavé, Jeová, Alah, Odin, Brahman, Deus, Obatalá, Altíssimo, Maomé, Caos... Para os hermetistas, o termo utilizado é "O Todo", mas quero que você reconheça nesse termo seu próprio conceito. Esclareço que estaremos falando daquilo que é onipresente, onisciente, é a energia infinita e eterna que tudo criou e que nada pode destruir. É a mente vivente infinita.

Neste livro, trataremos sobre a vida – sua vida, a vida no Universo, O Todo. Falaremos sobre como ela funciona, quais os mecanismos e as leis sob os quais todos nós somos regidos. Entenderemos a razão de as coisas acontecerem e por que às vezes somos pegos de surpresa.

---

1. Vida como existência infinita, e não só a vida biológica, a que morre.

Você irá compreender e aprender a lidar com os altos e baixos da vida, entenderá por que muitos de nós sentem dificuldades em se manter bem, prósperos e estáveis, seja em relacionamentos, seja na vida profissional e até em relação à saúde. Por que será que às vezes nos sentimos como marionetes da vida, impotentes e manipulados? Como foi que perdemos o controle e o nosso chão?

Quando sofre injustiças, pensa que é falta de sorte; se está em relacionamentos abusivos e involutivos, sofre exploração, sente raiva, desrespeito, decepções, enganos, desilusões, baixo astral, estresse, depressão, ansiedade, pessimismo e desânimo. Muitas pessoas quando chegam a esse ponto desejam sumir! Desaparecer da face da Terra. Pode ser que isso esteja acontecendo com você ou em algum momento da sua vida já tenha acontecido. Muito provavelmente, você conhece alguém que esteja passando por isso. Talvez esteja precisando ajudar, mas não sabe como.

Se essas situações lhe parecem familiares, se você acredita que é normal viver assim porque é do "ser humano", eu preciso discordar, pode ser **comum**, mas nem por isso deve ser considerado normal. Enquadrar-se nessa "normose" da atualidade, uma síndrome silenciosa cujos sintomas estão descritos acima, não é normal! O quadro acima não pode ser considerado a norma. Como ouvi na Unipaz de Roberto Crema, precisamos nos curar da normose.

Qual seria a causa desses problemas, que são coletivos e individuais ao mesmo tempo? A causa do problema é que nós não estudamos sobre a vida, ninguém nos ensinou na infância e na adolescência como a vida funciona, o que devemos esperar dela e o que ela espera de nós. Ensinaram-nos apenas o que fazer para **ter**, a representar determinados papéis na vida e seguir uma profissão. Quando saímos das universidades, estamos crentes de que somos advogados, engenheiros ou professores... sabemos bem representar esses papéis durante toda a nossa vida produtiva, mas depois desse período vemos que não aprendemos quem verdadeiramente somos. Não fomos ensinados como **ser** um verdadeiro **ser humano**.

Você e eu podemos viver melhor!

Provavelmente, nunca tenham lhe dito que a vida é uma eterna troca: ela é um dar e receber contínuo. A energia da troca é necessária, por isso deve ser compreendida e praticada. Ninguém nasceu para apenas receber, e ninguém nasceu para apenas doar. Esses dois tipos de atitudes geram um desequilíbrio enorme em nossas vidas, e como efeito cascata, desequilibra tudo ao nosso redor. Se você está se reconhecendo no padrão "normótico" ou conhece alguém que se doa ao extremo, pensa sempre nos outros em primeiro lugar e se esquece de si mesmo, vai precisar saber **como** mudar.

Assim, para ajudar você a aprender e superar todos esses problemas, vou apresentar, **uma a uma**, as leis que regem **tudo** em nossas vidas e no Universo. Este manual lhe trará ferramentas para fazer suas conquistas, para mantê-las, para ser uma pessoa melhor, mais equilibrada, plena, realizada e ainda auxiliar os outros. Você receberá o "Manual de instruções para a vida".

Você pode pensar: "nossa, eu deveria ter tido esse conhecimento antes. Por que nunca ninguém me disse isso?" Bem, se este livro chegou até você agora... acredite: é o momento certo. Você está pronto para receber esse conhecimento e dar um salto quântico na sua vida. Aproveite esta oportunidade de transformação e venha comigo desvendar as leis que regem o Universo e a vida.

A partir do próximo capítulo, vou contar o que me motivou a fazer este manual e qual é o problema que ele vai ajudar na resolução. Você vai descobrir a fonte de onde tirei todas essas informações, e ainda vou dar uma dica de como utilizar este livro. Serão revelados quem são os famosos que usam os conhecimentos que aqui estão, então você vai começar a entender por que precisa agregar estes ensinamentos na sua vida. Mais adiante, você irá ver todas as leis e terá o primeiro contato com elas, podendo mergulhar profundamente nas sete leis universais, conhecê-las e aplicá-las. Com meu auxílio, verá como esse conhecimento pode ser simples, prático e aplicável no seu dia a dia. Ao final do livro, você vai perceber que terá o conhecimento, as ferramentas e o método para transformar sua vida para melhor. E o mais legal: você terá um poder que ninguém mais será capaz de tirar de você.

1

A Motivação/ Sensibilização/ o Problema

Como terapeuta, ouvindo as queixas dos meus clientes e também nos grupos que facilito, venho percebendo que as pessoas sentem muita dificuldade em compreender a vida, como ela funciona, por isso sofrem. Seguem aos "trancos e barrancos", numa trajetória difícil entre tentativas, erros e acertos. Algumas pensam em desistir do jogo, outras até desistem. Na minha cidade, tem sido preocupante o número de adolescentes, jovens, adultos e idosos que têm escolhido o suicídio. Talvez você tenha em algum momento da sua vida passado por coisa parecida, uma tristeza profunda, falta de esperança ou depressão. Você já teve aquela vontade de sumir?

Sabe, querido leitor, hoje em dia eu tenho oportunidade em algumas ocasiões de acompanhar minha mãe com suas amigas a viagens da "terceira idade". Esses passeios são organizados por grupos de pessoas aposentadas e que têm uma reserva financeira ou uma aposentadoria confortável que permite sua hospedagem em *resorts*, em estâncias de águas termais ou cruzeiros cheios de mordomias e amenidades; são programas realmente muito agradáveis! No entanto, não é raro observar as conversas entre os pares e perceber que, frequentemente, o assunto mais comum é a doença e, consequentemente, os remédios utilizados, fazendo parecer uma "competição" em que quem ganha é aquele que tiver mais dores e mais gastos com remédios. Muitos também aproveitam essas oportunidades para fazerem comparações quanto ao tratamento que recebem dos filhos e parentes próximos. Dá para perceber as mágoas e os ressentimentos nas reclamações. É uma cena triste, que dói dentro de mim.

Esse tipo de situação realmente me sensibiliza, tenho certeza de que se todos esses idosos tivessem tido a oportunidade de ler este livro, em qualquer fase de suas vidas, não estariam desperdiçando seu lindo, privilegiado e merecido momento presente falando sobre assuntos ruins. Estariam, pelo contrário, aproveitando ao máximo essas agradáveis viagens em grupos para expressar e sentir gratidão pela vida e pela sua família. O problema é que não somos treinados a focar no que é bom, temos uma tendência a prestar atenção mais no que dói, no que não está funcionando bem.

As consequências desse hábito são bem graves e preocupantes. Nós, seres humanos, ficamos desperdiçando energia pensando num tempo que não é o presente, ficamos preocupados com o futuro, com a morte, ou recordando o passado. Não percebemos que nada podemos fazer hoje para mudar o passado, tampouco prever o futuro. Nosso poder é outro, visto que podemos interferir no presente, no aqui e agora, modificando apenas nossos **pensamentos**, nossas **reações** e nossos **sentimentos** em relação a esses assuntos.

E você, já ficou com medo da velhice, da falta de alguém? Está se lembrando de um ente querido, uma pessoa conhecida que está sem perspectivas? Talvez você queira ajudar, mas sente-se incapaz; afinal, que conselhos poderiam ser dados? Se isso está acontecendo, preste atenção em cada página deste livro, pois, infelizmente, isso não acontece apenas na sua vida. A depressão cresce cada vez mais no mundo, segundo as pesquisas da Organização Mundial de Saúde (OMS).

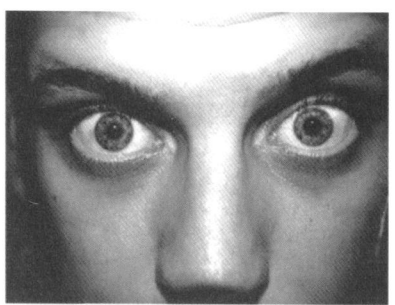

Há **64 milhoes** de pessoas no mundo que sofrem com transtornos de **ansiedade**.

Há **322 milhoes** de pessoas no mundo que sofrem com **depressão**.

O Brasil tem a maior relevância da América Latina. Nessa estatística, é importante observar que muitas pessoas têm tanto depressão quanto transtornos de ansiedade. Somos recordistas, com 18,6 milhões de pessoas sendo acometidas por esses transtornos psicológicos. No Brasil, 75 mil pessoas foram afastadas do trabalho por depressão em 2016.[2]

O pouco controle do ritmo no trabalho, as cobranças agressivas, os ambientes competitivos e a falta de compreensão trazem insatisfação, angústia e ansiedade. Afetam não só o desempenho profissional, mas também as relações sociais, a saúde física e mental.

---
2. Fonte: *O Globo.com*, em 12/02/2017.

O suicídio hoje, por exemplo, está entre as 20 maiores causas de morte no mundo, o que tem preocupado as autoridades e entidades sociais, que buscam com seus parcos recursos ajudar a diminuir as consequências desses transtornos na população mundial.

O problema é que a maioria dos órgãos competentes costuma atuar apenas nos sintomas quando estes são diagnosticados, e somente uma parcela pequena da população procura ajuda e tratamento, e quando isso finalmente acontece, a "solução" encontrada é a de "remediar", amenizar via remédios os sintomas com tratamentos paliativos. Pouco se sabe ainda sobre como atuar nas causas desses problemas, como fazer a população não chegar a esse ponto de debilidade social. Nossa sociedade está doente!

Diante desse contexto, alguns setores, ao perceberem a ineficiência dos métodos adotados pelo sistema convencional de saúde, estão começando aos poucos a pensar e procurar por outras soluções. Um movimento vem surgindo para evitar os transtornos de ansiedade, depressão e outros males psicossomáticos que geram doenças de todos os tipos. Estamos aos poucos aprendendo a pensar diferente, ver por um novo paradigma.

A revista *Ciências do Ambiente*, da Unicamp, publicou o *Relatório da felicidade global*, da Organização das Nações Unidas (ONU), que mostra o *ranking* dos países mais felizes do mundo. O relatório foi feito com base em pesquisas de opinião em 150 países e descreve a felicidade medida em suas populações. O Butão, na Ásia, desde 1972 realiza a pesquisa e possui um índice para medir sua felicidade. Segundo esse relatório, o Brasil ocupa o 25º lugar, e entre os menos felizes estão Togo, Benim e Serra Leoa.

A Felicidade Interna Bruta (FIB) é uma pesquisa que mede a integração dos desenvolvimentos material, espiritual e cultural dos indivíduos e se baseia em variáveis como:

1. **Bem-estar psicológico** (autoestima, estresse, etc.).
2. **Saúde** (políticas de saúde, hábitos que melhoram ou prejudicam).
3. **Uso do tempo** (para o lazer, família, amigos).
4. **Vitalidade comunitária, educação, cultura** (festas, atividades artísticas).
5. **Meio ambiente** (percepção da qualidade do ar, da água, acesso a parques e áreas verdes).
6. **Governança** (representação em órgãos públicos do executivo, legislativo e judiciário; postura como cidadão).
7. **Padrão de vida** (renda familiar, dívidas, qualidade de moradia, etc.).

Em muitos países, a maioria dos entrevistados não está satisfeita com a vida que leva, não se sente feliz. A maior parte das pessoas mal sabe descrever o que é felicidade, e mais da metade não descobriu ainda qual é o sentido e significado da sua própria vida e da vida na Terra.

Perante essas constatações, almejo com este livro ajudar você em seu crescimento pessoal, profissional, cultural e espiritual, para que possa chegar mais perto da sua felicidade.

"Felicidade é ter algo o que fazer,
ter algo que amar e algo que esperar."*(Aristóteles)*

Ainda segundo Aristóteles, "a felicidade é algo relacionado com a plenitude interior humana. Uma atividade autossuficiente baseada no bem e nas virtudes, que ultrapassa os limites de um estado emocional fugaz e não pode ser confundido com prazer ou diversão".

Você já parou para pensar o que é felicidade para você?

Escreva aqui:

De onde tirei inspiração para escrever sobre isso?

Agora, você pode estar se perguntando: existe esse tal manual de instruções para a vida? De onde a Rovani tirou essa ideia? E se existe, por que todos nós não sabemos disso? Por que não é divulgado?

Posso lhe afirmar com toda a certeza: sim, existe! Foi escrito por Imhotep ou Toth nos primórdios da Humanidade no Antigo Egito, nas primeiras dinastias daquela civilização, bastante anterior à época de Moisés, que teria nascido em 1593 a.C. Acredita-se que esse ser foi contemporâneo e instrutor de Abraão, que, segundo a Bíblia, teria nascido em 1938 a.C.

Imhotep, que ficou conhecido como Hermes, era considerado o Mestre dos Mestres, e seu legado foi assimilado por grandes filósofos gregos, que foram os que mais tarde o nomearam Hermes Trismegisto "o três vezes grande". Os romanos o chamavam de Mercúrio. Esses povos tiveram a intenção não somente de homenageá-lo como também de incorporá-lo às suas próprias culturas. Seu legado é tão grandioso que essas três civilizações o deificaram, embutiram-no aos seus panteões.

É muito provável que estejamos falando não de uma só pessoa, mas, sim, de uma estirpe filosófica,[3] que deu origem a uma linhagem inteira cuja raiz teria sido Toth. O que esse grupo de seres nos deixou é a **"lógica do Universo"**, em obras raras. Entre elas as mais importantes são: *A Tábua de Esmeralda* e o *Corpus Hermeticum*.

---

3. Estirpe filosófica: linhagem, tronco familiar, genealogia.

Toth – deidade egípcia, e sua representação romana como Mercúrio.

A Motivação/Sensibilização/o Problema 33

Representação artística da lendária Tábua de Esmeralda.

2

Hermetismo – a Origem da Informação e a Inspiração

*H*ermetismo, termo com o qual ficou imortalizada essa sabedoria e como será tratada aqui neste livro de agora em diante, é uma linha filosófica, não religiosa, de mais de cinco mil anos e que serviu de base para civilizações e culturas como os fenícios, gauleses, babilônios, sumérios, hebreus, hindus, chineses, dando origem a várias linhas de pensamentos levadas por seus eruditos adeptos ao regressarem aos países de origem depois dos seus estudos no Egito.

Ao longo do tempo, os princípios foram absorvidos em sistemas como as medicinas chinesa e ayurvédica, na Índia; a Cabala, entre os hebreus; dentre vários outros, pelas mãos dos aprendizes estudantes, que se tornariam importantes líderes políticos sociais, regressando com os ensinamentos que foram utilizados também em sistemas religiosos como o hinduísmo, o taoísmo, o budismo, o judaísmo e o cristianismo.

Inhotep ocupava o mais importante cargo do governo no reinado do faraó Djoser, na Terceira Dinastia. Foi exímio arquiteto

Representação meramente ilustrativa de Imhotep.

responsável pela construção da Pirâmide Escalonada de Sakara, a primeira de que se tem registro. Era também sacerdote e médico. A ele foi atribuído o registro de cerca de 90 termos anatômicos ainda utilizados que constam no papiro de Edwin Smith, o mais antigo tratado de medicina cirúrgica do mundo, datado de 3000 a 2500 a.C., que é uma versão transcrita e traduzida do original em hieróglifos. Imhotep dominava, além dessa escrita sagrada, o hieróglifo, outras como o hierático e o copta. Era considerado o mensageiro dos deuses. Viveu na cidade de Mênfis, próxima da atual Cairo. Considerado o primeiro cientista do Antigo Egito, fazia previsões de guerras, colheitas, cheias, etc. Era dotado de grande poder espiritual, com inúmeras obras em diversos ramos do conhecimento, como astrologia, por exemplo.

Papiro de Edwin Smith, o mais antigo tratado de medicina cirúrgica do mundo.

O hermetismo também serviu de base para a origem de diversas escolas e ordens de aperfeiçoamento humano, dentre as quais podemos citar: cabala, alquimia, Cavaleiros Templários, Maçonaria, Rosa-Cruz, ordem dourada, teosofia, eubiose, amanhecer dourado, escolas ocultistas, assim como as artes em geral, a filosofia e a ciência moderna. Apesar disso, não deve ser responsabilizado por dogmas e/ou doutrinas absolutistas implantadas em inúmeras culturas, religiões e seitas que foram surgindo a partir de então. É necessário dizer que essas linhas não devem jamais ser confundidas com hermetismo, que sempre primou por pesquisas, questionamentos e estudos.

Segundo os ensinamentos herméticos, o Universo não julga. Ele é amoral. Não há julgamento, tampouco punição ou condenação. Vamos explicar melhor esse conceito quando chegarmos ao 4º princípio, o da Polaridade, e ao 6º, a Causalidade.

Para o Universo, o bem e o mal **não existem**. De acordo com esses ensinamentos, o bem e o mal são apenas pontos de vista distintos e que variam conforme a opinião do observador sobre determinado assunto. O hermetismo nos ensina a buscar e manter nosso ponto de vista embasado pela **neutralidade**.

No budismo, isso foi traduzido por "buscar o caminho do meio", que, segundo essa tradição, certamente será o mais curto e mais reto para atingir a iluminação. "Tudo é relativo", segundo a Teoria da Relatividade de Albert Einstein, publicada em 1915, que, assim como outros cientistas, muito tempo depois, partiu dos conhecimentos herméticos para criar suas teorias.

Ficará clara e notória para você ao longo do texto a influência do legado hermético em muitas culturas e civilizações.

Hermes foi o pai da sabedoria, fundador da astrologia, de onde se originou a astronomia, e da alquimia, que deu origem à química. Ele escreveu o *Livro dos Mortos*, o *Livro de Toth*, que gerou o *Tarot de Toth*, em que o conhecimento foi codificado em 78 cartas simbólicas representando arquétipos, sendo os 22 arcanos maiores (que estão também simbolizadas nas 22 letras do alfabeto hebraico) e que nos mostram caminhos evolutivos de autoconhecimento. Mais as 56 cartas (arcanos menores) que representam quatros níveis (corpos) de nós, seres humanos, e os trabalhos das superações cotidianas. Os arcanos menores, cuja representação está nos **quatro naipes do baralho**, mostram-nos como desenvolver o

Tarot de Toth.

bom uso dos quatro elementos da natureza para nosso bem e para nosso equilíbrio pessoal.

Quatro naipes:

Ouros – terra = corpo físico.

Copas – água = corpo emocional.

Espadas = ar = corpo mental.

Paus = fogo = corpo espiritual.

Os 56 arcanos menores – 4 x 14 – nos ensinam a purificar nossos quatro corpos inferiores por meio dos arquétipos (modelos perfeitos) para aprimoramento das nossas personalidades. Um dos primeiros textos sobre o que você vai receber a partir de agora foi encontrado "na joia dos escritos", conhecida como a *Tábua de Esmeralda*, que, segundo a lenda, teria sido escrita por Toth com diamante em uma tábua de esmeralda. Nessa "joia" estaria gravada a essência desses ensinamentos em texto codificado para vários níveis diferentes de consciência.

Então, você pode se perguntar: "Se esses textos são tão antigos assim, para o que nos servirão agora no século XXI?". Lembre-se de que esse conhecimento é algo divino, você vai perceber que é **atemporal** e trará soluções e entendimento para seus problemas de hoje e de todas as fases da sua vida, em todos os âmbitos. Essas leis, quando compreendidas, poderão ser aplicadas para seu bem-estar, desenvolvimento pessoal e felicidade, para sempre.

3

Como Você pode Utilizar Este Manual para Reformular Sua Vida

*L*eia o livro no seu tempo, reflita, faça anotações, escreva suas percepções e *insights* ao longo da jornada. A cada página, olhe para dentro de você e para sua vida. Perceba como esses ensinamentos estão relacionados com sua história, com seu momento e com o mundo. Para aprofundar seu autoconhecimento, uma ideia interessante é que você vivencie uma lei por semana, para internalizar e aprofundar essa sabedoria na sua vida.

A sugestão seguinte é para que você possa se beneficiar da energia dos números e do poder dos arquétipos. Vou mostrar a partir de agora como você pode utilizar a numerologia e a vibração contida nos códigos numéricos para otimizar e potencializar sua transformação.

Ao chegar ao Capítulo 7, no *passo a passo*, onde iniciaremos as *sete* (7) *leis*, você usará sete (7) semanas, uma para cada lei, incluindo a leitura, familiarização, tomada de consciência e os exercícios de transformação propostos em cada lei/capítulo.

> **Reformule sua vida em sete (7) semanas:**
> Semana 1 – Mentalismo
> Semana 2 – Correspondência
> Semana 3 – Vibração
> Semana 4 – Polaridade
> Semana 5 – Ritmo
> Semana 6 – Causa e efeito
> Semana 7 – Gênero

Utilizando a numerologia e seguindo essa sugestão, estaremos acessando a força vibracional e poderosos portais.

Conheça os segredos contidos nos números e suas vibrações – o portal de cada número:

7 – é o número que integra os dois mundos, por isso é considerado símbolo da totalidade do Universo em transformação. O 7 é o **número da perfeição**, sagrado, perfeito e poderoso, segundo Pitágoras, matemático e pai da numerologia. É considerado o número da Perfeição Divina, pois "no sétimo dia o Criador descansou de todas as suas obras". Assim, meu convite a você, querido leitor, é que faça o trabalho de sua transformação em 7 semanas *x* 7 dias. Ou seja, você fará o trabalho integral em 49 dias 7 x 7 = 49, número composto das vibrações do 4 e do 9.

4 – estabilização: é a manifestação material, a segurança e a estabilidade desejada. O 4 contribui com os valores de dignidade, resistência e confiança, trabalho constante para alcançar sucesso, praticidade e determinação, paixão e unidade.

9 – carrega os atributos de finais de ciclos e conclusões, força e sabedoria interior, altruísmo e filantropia, exemplo positivo, iluminação e despertar espiritual, sua finalidade divina e missão de alma.

Na simbologia dos anjos, 49 é uma mensagem de seus anjos e diz que um projeto ou ciclo está terminado, por isso você é agora solicitado a avaliar suas realizações e sucesso. Tire as lições das experiências e use-as para sua futura vantagem. Termine qualquer coisa que tenha começado e faça o que precisa ser feito.

Isso foi apenas uma sugestão. Se ficou leve para você, se lhe pareceu divertido brincar com o tempo e com os números, faça. Se não for o caso, leia e faça no seu tempo e do jeito que você se sentir melhor.

Lembre-se: há muita força vibracional e simbologia nos números.

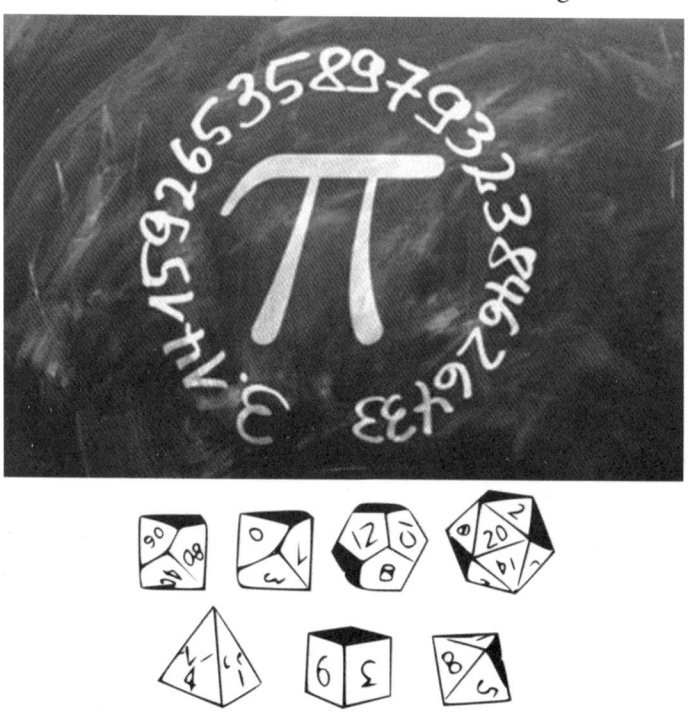

4

Prepare-se para Conhecer as Leis do Universo e da Vida

Prepare-se para conhecer intimamente uma a uma das leis que regem tudo em nossas vidas e no Universo. Você poderá com esta ferramenta criar uma vida melhor, fazer suas conquistas, mantê-las, visando ser uma pessoa mais plena e podendo assim auxiliar os outros.

Você está recebendo o *Manual de Instruções para a Vida*! A partir de agora, você vai conhecer a lógica do Universo. Sabe-se que o Criador construiu **tudo** dentro de uma lógica **matemática e geométrica**, projetando tudo com **proporções**, ciclos e cálculos perfeitos.

Caso queira se aprofundar nesses princípios, procure ler grandes obras gregas, como *Os Mistérios de Elêusis* e *Ritos a Dionísio*, livros de ciências ocultas, como *O Caibalion, Os Grandes Iniciados, Corpus Hermeticum, Pitágoras* e *Ensinamentos Herméticos da Ordem Rosacruz AMORC*. Você vai encontrá-los, principalmente, no meio filosófico e em estudos metafísicos.

Encontrará forte influência nas obras de ilustres homens da antiguidade que, após duras provas e provações, eram admitidos como neófitos estudantes, frequentando templos/escolas egípcios em busca de sabedoria iniciática, na esperança de resolver os problemas da vida, do mundo e do Universo. Dentre estes, cito Rama, Orfeu, Homero, Tales, Demócrito, Empédocles, Parmênides, Sólon, Platão, Aristóteles, Hiparco, Apolônio de Tíana, Apúlio e Pitágoras. No Egito Antigo, nas escolas de Hermes, aprofundavam seus conhecimentos em Astronomia, Matemática, Ciência dos Princípios Universais,

Terapêutica Hermética, Medicina Cirúrgica, Psicologia Espiritual, Geometria, Arquitetura, Música, Poesia, Ginástica e tipos de escrita como a hieróglifa, a simbólica e a epistolar.

Nos *Pergaminhos do Mar Morto*, encontrados em 1947 por beduínos, constam antiquíssimos textos do povo essênio. Nestes, estão descritos ritos e rituais utilizados em cerimônias, entre os quais podemos citar o ritual de purificação do batismo e o ritual da refeição comunal, que ficou imortalizado e bastante conhecido mais tarde como a Santa Ceia. Os documentos trazem indícios de que Moisés e Jesus, ainda adolescentes, participaram daquela tradição e estudaram profundamente a Filosofia Natural e a Teologia do Egito Antigo.

Moisés no Monte Sinai.

Fuga da Sagrada Família para abrigar-se no Egito.

5

Acessando a Misteriosa Sabedoria Ancestral

*L*ogo você terá acesso a princípios de uma sabedoria muito antiga, que foi codificada e registrada em hieróglifos por mestres do Egito Antigo. Cada um desses textos, cujo conteúdo continha três níveis de mensagens, tanto simples como eruditas, foram direcionados a pessoas com níveis diferentes de consciência.

Essas obras, traduzidas por filósofos gregos e seus discípulos nas suas escolas, foram preservadas e reservadas de modo o qual o conhecimento fosse sendo revelado e, na medida do possível, liberado em doses homeopáticas para a população. Primeiro para uma pequena parcela da população que se sentia atraída pelo saber, inscrevendo-se nas ditas escolas – esse grupo infelizmente nunca chegou a ser numeroso.

Tudo isso ficou durante muito tempo preservado assim, até que chegou um momento longínquo de despertar consciencial, o qual queremos crer que seja agora, com o advento da Internet. Para mim, esta é uma providência angelical e nos possibilita de forma democrática e "autosseletiva" o acesso a qualquer informação. O que eu estou dizendo é que o conhecimento está disponível, porém cada um escolhe permanecer na ignorância ou beber da fonte. Eu sou imensamente grata por estar vivendo neste corpo aqui e agora e tendo acesso a tudo isso.

Podemos encontrar fragmentos do hermetismo com outros nomes também na ciência moderna, na física quântica, na mecânica quântica e por toda parte, inclusive de forma maquiada em alguns *best-sellers* da atualidade e com os mais diversos objetivos. Chegou, portanto, o momento de acessarmos todo esse conhecimento, talvez para aprendermos a sutilizar nossas energias e nosso campo, para assim podermos acompanhar a própria transição planetária, a chamada ascensão da Terra.

E se eu disser que ao se tornar consciente da matemática do Universo, você poderá compreender como fazer a sua vida fluir rumo à evolução planetária e funcionar perfeitamente para se encaixar nessa engrenagem maior que é o mundo e tudo que está a sua volta? Seus relacionamentos, sua saúde, sua carreira, sua prosperidade e tudo mais, você terá condições de levar uma vida muito mais plena e feliz.

Existem leis que são universais, e para o Universo não importa se você as conhece ou não, você está sujeito a elas. Veja que na sociedade também é mais ou menos assim. Na Justiça dos homens, funciona do mesmo jeito: se um infrator comete um crime, ele será julgado e sofrerá a pena, não importa se ele conhecia ou não a lei. Ela é imperativa, não adianta alegar seu desconhecimento. Se a pessoa comete um delito, sofrerá as consequências.

Por exemplo, se você mudou de cidade, mas não sabe que uma lei municipal proíbe transitar com carro de som e você usa esse recurso para fazer propaganda do seu negócio ou produto. Independentemente de você conhecer a lei ou não, será multado, pois precisa cumprir as regras.

Continuo exemplificando. Pois bem, então você é brasileiro e sabe que aqui é proibido portar armas, mas você viaja para os Estados Unidos e, em alguns estados, pode comprar e portar armas normalmente, sendo comum as pessoas andarem armadas por lá. No entanto, nos Estados Unidos, beber álcool em vias públicas é proibido; se você fizer isso e for pego por um policial, talvez seja até encaminhado para a frente de um juiz, coisa que aqui no Brasil nem se imaginaria.

Outro exemplo: como sou turismóloga, guia de turismo e facilitadora de viagens e vivências, costumo levar muitos grupos de meditadores para lugares especiais do mundo em jornadas evolutivas. E veja, aqui no Brasil nós usamos biquínis, minissaias, regatas e decotes, pois é comum, mas quando levo meus grupos para países como Índia, Egito, Turquia, eu alerto meu pessoal sobre qual tipo de vestimenta deve ser usada e evitada. É bom que saibamos respeitar as regras, leis ou normas locais. Se alguma passageira minha insistir em usar minissaia com decote no Egito, por exemplo, ela não estará adequada aos costumes locais e poderá sofrer algum tipo de repreensão por parte das pessoas daquela cultura.

Pois bem, acontece que todos nós **somos cidadãos do Universo** e, sabendo disso, seria inteligente de nossa parte querer conhecer quais são as leis, os princípios e as regras que regem tudo neste Universo. Não seria? Você gostaria de saber disso, para depois decidir se irá se adequar ou não? De posse desse conhecimento, nós poderemos "parar de dar murro em ponta de faca"; parar de insistir em fazer do jeito que não funciona é como adquirir o seu passaporte e descobrir qual é o jeito certo de abrir todas as portas.

Então, para ficar leve, vamos encarar essas leis como: **sete dicas para ter uma vida melhor!**

6

Os *Insights* – o Passo a Passo

Pegue um bloco ou caderno e comece a anotar os *insights* que irão chegando durante sua experiência com este livro. Anote eventos do seu dia a dia, coisas que você perceber que poderia aplicar as leis de hoje em diante, para que sua vida flua em harmonia com as engrenagens do Universo e da natureza.

Vamos começar!

Você está pronto para mudar sua vida e para ser um exemplo de pessoa que sabe viver bem? Vou confessar uma coisa, é exatamente isto que as pessoas veem e falam sobre mim: *"A Rovani sabe viver! Sabe aproveitar a vida!"* E sei mesmo! Eu aprendi essas leis ainda quando criança e construí minha vida baseada nelas, aproveitando todas as facilidades e sincronicidades que elas geram. Tudo ficará mais fácil se você souber utilizar essas leis a seu favor. O mundo fica "do seu lado". Você terá a grata percepção de que o Universo está conspirando a seu favor.

Então vamos lá! Agora é sua vez!

Prepare-se para realmente receber essas leis como um passo a passo.

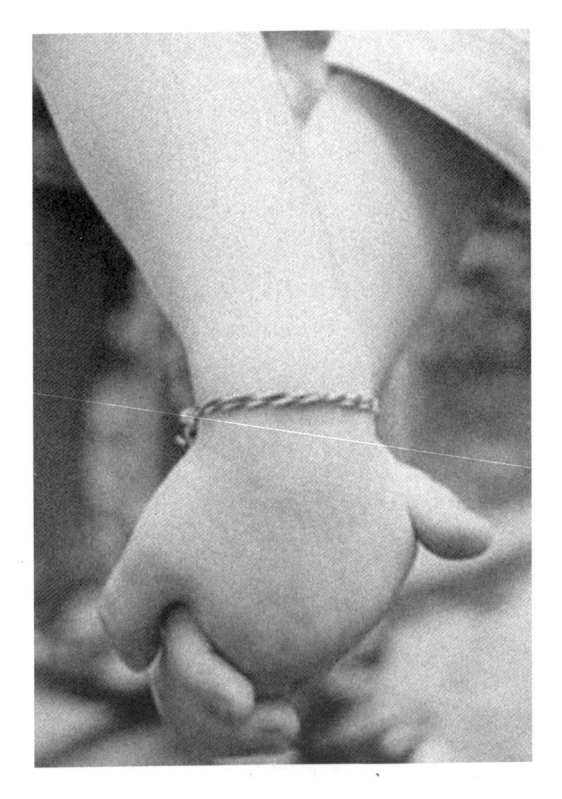

Venha comigo!

Conheça as sete leis que irão transformar esta existência numa vida melhor.

Os princípios que regem o Universo e tudo que nele há são sete:

1º **Mentalismo** – o Todo é mente; o Universo é mental.

2º **Correspondência** – o que está em cima é como o que está embaixo; e o que está embaixo é como o que está em cima.

3º **Vibração** – nada está parado; tudo se move, tudo vibra.

4º **Polaridade** – tudo é duplo, tudo tem polos; tudo tem seu oposto, o igual e o desigual são a mesma coisa; os opostos são idênticos em natureza, mas diferentes em grau; todas as verdades são meias verdades, todos os paradoxos podem ser reconciliados.

5º **Ritmo** – tudo tem fluxo e refluxo, tudo tem suas marés, tudo sobre e desce, tudo se manifesta por oscilações compensadas; a medida do movimento à direita é a medida do movimento à esquerda; ritmo é compensação.

6º **Causa e efeito** – toda causa tem seu efeito, todo efeito tem sua causa; tudo acontece de acordo com a lei; o acaso não existe; há muitos planos de causalidade, porém nada escapa à lei.

7º **Gênero** – o gênero está em tudo; tudo tem seu princípio feminino e masculino; o gênero se manifesta em todos os planos.

7

1º Princípio:
MENTALISMO

*"O Todo é mente; o Universo é mental.
A mente vivente, infinita e universal."*

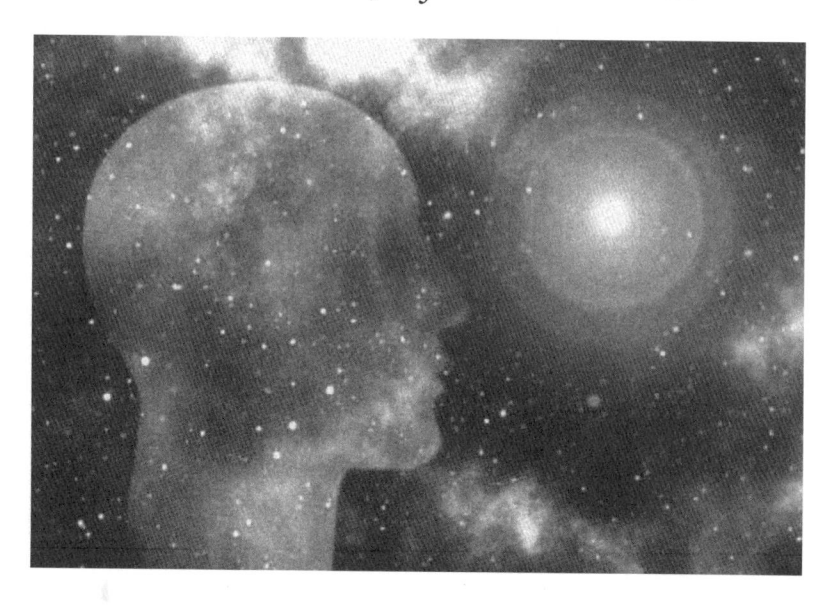

Tudo que existe está dentro da mente do Todo. Tudo que existe no mundo, para existir, antes foi pensado, alguém pensou todas essas coisas. Essa cadeira, esse sofá em que você está sentado, as roupas que está vestindo, o computador, seu telefone, este livro... Alguém pensou isso primeiro, caso contrário não se manifestaria na matéria.

Platão, que viveu de 428 a 348 a.C., filósofo grego discípulo de Sócrates, indiscutivelmente, tirou desse primeiro princípio a inspiração para escrever a *Teoria das Ideias* ou *Teoria das Formas*, que diz que as coisas que percebemos com nossos sentidos, os objetos, são apenas cópias das ideias (das formas perfeitas). Essa teoria (e várias outras) foi criada com base nesse antigo princípio aprendido no Egito.

Para criar a Terra, o sistema solar, a galáxia, o Universo todo, a mente do Criador primeiro **pensou**, e só depois tudo se manifestou. Você, com sua mente e seus pensamentos, tem a capacidade de criar e de mudar o mundo ao seu redor também. De maneira didática, você pode imaginar que seu pensamento acompanhado da sua emoção é um adubo e vai fazer germinar e fazer crescer qualquer coisa em que deposite sua atenção.

Ao sabermos que nada existe que não tenha sido pensado antes, a dica é: **escolha** bem o que você **quer** pensar, pois aquilo que pensar e sentir você estará **criando**. Serve tanto para o bem quanto para o "mal".

Além disso, com esse 1º princípio, precisamos aprender basicamente que nós seres humanos "criamos" ou fazemos manifestar coisas; nós criamos o que pensamos e sentimos, assim como criamos o que queremos e criamos o que não queremos também! E aí você me pergunta: "Como assim, Rovani, nós criamos o que não queremos?". Sim. Vou mostrar como.

Ninguém em sã consciência quer ficar doente, não é? A princípio não, mas você deve conhecer alguma pessoa que só fala de doenças, remédios, etc. Quando você pergunta como ela está, lá vem uma lista de dores, de remédios, de todas as recomendações que os médicos lhe deram. Essa pessoa, provavelmente, vai ficar mais doente, pois ela está usando uma receita infalível: a receita do sr. João, que você vai conhecer mais tarde, ainda neste livro.

Você deve ficar sempre atento, pois os pensamentos podem ser seus (criados por você) ou podem ser ideias que estão vibrando e vagando pelo espaço, que foram produzidas por outras pessoas, que vêm e encontram suscetibilidade na sua mente, que as fecunda. Dessa forma, também geramos e materializamos coisas que nem sabemos de onde surgiram.

As ideias podem vir do mundo do alto, podem vir do mental coletivo. Na maioria das vezes, não fabricamos nossos próprios pensamentos, estamos simplesmente captando com nosso campo mental (talvez inconscientemente) uma forma-pensamento preexistente.

Essas ideias vêm e fecundam a nossa mente e, a partir daí, temos a nítida impressão de que fomos nós que "tivemos" a tal ideia. Após termos sido "fecundados" por uma dessas ideias prontas, nós a acolhemos e a geramos como se fossem nossas e, assim, "criamos todas as coisas que acontecem na nossa vida".

O problema é que a maioria de nós não está atenta o suficiente para perceber se a tal ideia é boa o bastante para ser "comprada" como nossa ou não.

Muitos de nós somos influenciados e até manipulados por pensamentos que, sozinhos, nem teríamos gerado. Aí é que mora o perigo: achamos mais fácil "comprar" uma ideia pronta do que ter o trabalho de produzir as nossas.

Então seja lá de quem for esse pensamento, ele está aí disponível, e a gente se apropria e vai em frente! Reproduzimos padrões muitas vezes indesejados de comportamento, pelo comodismo que isso representa (é muito mais fácil reproduzir pensamentos prontos, não é?). "Afinal, deve ser difícil ser intelectual, isso é para poucos, é para quem tem tempo, eu não tenho, preciso trabalhar e construir a minha vida!" Analise sua vida com calma e veja quem a está construindo. É aquele que originou o pensamento que você acatou como se fosse seu. Sim, você está vivendo como ele (o pensador original) quer e pensa.

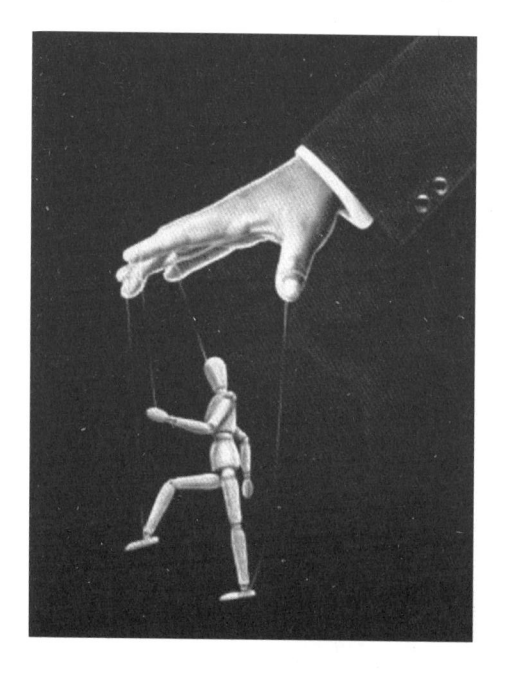

Você já se sentiu manipulado por alguém alguma vez na sua vida? Sim? Ou fui só eu? Já se deu conta que uma pessoa plantou direitinho uma ideia em você e depois percebeu que quem se deu mal foi você? De nada adianta ficar bravo com essa pessoa, pois você permitiu ser manipulado por ela. É importante refletir sobre isso para que numa próxima vez seja mais cauteloso quando uma ideia surgir. Tente descobrir se é sua ou não. E o mais importante, se essa ideia está de acordo com seus valores de vida.

Aliás, quais são seus valores de vida? Reflita se aquilo que surgiu em seu pensamento lhe fará bem. Não saia reproduzindo o movimento coletivo simplesmente como se estivesse em uma "manada", numa reação impensada.

Nós criamos o que não queremos para nós? Sim. Afirmo e provo! Vou dar um exemplo de como o mentalismo funciona. Eu tenho um vizinho, o sr. João, que mora praticamente na frente da minha casa. Sabe aquele vizinho que a gente cumprimenta toda hora, levantando braço e sorrindo? Gosto muito dele e da sua esposa, sou muito amiga da filha deles, vou sempre lá conversar. Pois bem, o sr. João tem mania de segurança (ele pensa que é mania de segurança, mas não é.). Ele pensa em ladrão o tempo todo, tem uma arma que fica sempre embaixo do seu travesseiro, as conversas dele são sobre sequestros, estupros, assaltos à mão armada, assassinatos, suicídios e assim vai. Ele adora assistir ao programa do Ratinho, do Datena e todos os demais programas sensacionalistas da televisão. Esse assunto é também sua leitura predileta, ele diz que precisa estar "bem informado" para estar sempre preparado.

Pois bem, o sr. João tinha uma banca de revistas e jornais na nossa rua, cerca de uns 100 metros das nossas casas, onde trabalhava ele e a esposa (uma doce senhora). Eles se sentiam úteis e felizes, pois acordavam cedo, tinham seu trabalho e seu ganha-pão, mas tiveram que fechar a banca a mando dos filhos depois de cinco assaltos à mão armada! Os filhos ficaram horrorizados! Vinham frequentemente na minha loja ver as imagens das câmeras de segurança. "Como pode acontecer isso com um casal de idosos trabalhando honestamente?

Esses ladrões não têm coração!" Mas isso não é tudo, depois que o sr. João e a esposa se "aposentaram" e passaram a ficar mais tempo em casa, adivinhe: a casa deles começou a ser também assaltada, e já foram três assaltos!

Aí essas pessoas me perguntam com aquele sentimento de pavor: "Rovani, esta rua é tão perigosa! Você não sente medo? Veja, já foram oito assaltos em cinco anos! Você não teme por sua loja e por morar neste lugar?" E eu respondo o quê? Que a rua não é perigosa, que a cidade não é perigosa, que o perigo é o sr. João. Ele é uma antena parabólica ligada atraindo para si todos os potenciais assaltos "programados" para um raio de atuação de sabe-se lá qual tamanho. Essa circunferência pode abranger os bairros vizinhos!

Onde quer que esteja o ladrão com aquela intenção, ele será chamado (puxado como por um imã) pela vibração mental do sr. João, que **pensa** e sente a **emoção** e o **medo** do assalto o tempo todo, dia e noite. Perceba: ele reforça isso com a leitura, com as conversas, com a TV ligada nos programas policiais. Diversifica nas horas vagas enriquecendo seu potencial criador mental com as emoções de nojo, raiva e ódio dos bandidos.

A minha casa, a loja e o consultório que ficam no mesmo endereço nunca foram assaltados, simplesmente porque aqui nós vibramos em **outra sintonia mental.** Eu, minha família e meus funcionários temos outros assuntos para pensar! Por exemplo, fazer produtos de qualidade, em atender bem nossos clientes, em estudar, trabalhar, praticarmos nossos esportes e *hobbies*. Meu marido e eu gostamos de andar de bicicleta, de remar nosso caiaque, de caminhar na praia e tomar sol, de acampar, de ler bons livros, meditar, cozinhar para os amigos e recebê-los... Enfim, temos mais o que fazer, sentir e **pensar** do que ficar focando o pensamento e vibrando em violência!

Sendo assim, o que acontece? O ladrão vem, passa pela rua e enxerga apenas a casa do sr. João! Não olha para o outro lado, não vê, não percebe a minha casa nem a minha loja, que fica na frente da dele, o ladrão vem em sintonia "atendendo àquele chamado". Você entende? É como se ele tivesse o GPS ligado e, ao passar ali, o aparelho falasse: "**seu destino** está à direita".

O sr. João tem um poder mental enorme e de concentração também, ele consegue manter a atenção plena e constante naquilo que é seu "objetivo inconsciente" e, é claro, diversifica para o cérebro não achar monótono e assim não boicotar seu foco de atenção. **Todos nós temos esse poder mental**. O sr. João não sabe que tem tanto poder, assim como a maioria de nós não sabe. Ele é um perigo para sua própria segurança e de sua família.

E se ele utilizasse **"a mesma receita"** que eu dei anteriormente para atrair o que quer? Com todos os reforços e meios que ele usou? Perceba que ele diversificou seu exercício (revistas, jornais, conversas, televisão, etc.) para não se tornar repetitivo e seu cérebro entender que se tratavam de novidades de notícias. Coisas diferentes acontecendo em lugares diferentes, com pessoas diversas e de formas distintas eram sempre "novas" emoções. No fundo era tudo uma coisa só (violência), mas a maquiagem era outra a cada dia.

Se pudermos aprender com os erros, basta fazermos o oposto do que o sr. João faz. É assim que devemos agir com o poder da mente. Só que para o nosso bem, é claro. Veja, ele não ficava apenas repetindo a mesma frase no pensamento, aquilo não era um exercício cansativo.

Alguns de nós têm o hábito aprendido de usar decretos e repetir afirmações, para atrair e manifestar riqueza, saúde e prosperidade. Isso até pode ser bom, mas o problema é que se ficar monótono, repetitivo, o cérebro irá boicotar e provavelmente o decreto vai parar de funcionar, pois ele perceberá que era apenas mais um exercício chato.

Nosso cérebro funciona de um jeito muito interessante: quando nós contamos uma historinha para ele muitas vezes de forma emocionada, qualquer que seja a emoção, se sentirmos como se estivéssemos vivendo aquilo (mesmo que ainda não seja realidade), a nossa mente e o Universo inteiro trabalharão para nos trazer aquilo que focamos, e é o que acabará acontecendo. Exatamente como o sr. João faz. Ele consegue sentir no próprio corpo aquela sensação do medo, seu corpo por sua vez se prepara para os assaltos, secretando todos os hormônios necessários para fuga ou ataque. Ele passa a viver aquilo.

Coincidentemente, nós produzimos as doenças e a saúde no nosso corpo! No caso dele, a ambulância do SAMU está frequentemente ali o resgatando, pois ele consegue manifestar as doenças causadas pelo **estresse provocado pela sua própria mente.** Ela produz uma realidade que não existia e não existiria sem o pensamento dele.

Não seria bem melhor se todos nós admitíssemos que temos esse poder e focássemos desse mesmo modo naquilo que queremos para nós?

"A lei de mente é implacável. O que você pensa, você cria; o que você sente, você atrai; o que você acredita torna-se realidade." (Buda)

Assim, querido leitor, tenhamos muito cuidado com o que estamos pensando e sentindo!

René Descartes, filósofo e matemático que viveu entre 1596 e 1690, muitos séculos depois de Hermes, traduziu do seu jeito esse 1º princípio na sua célebre frase: "Penso, logo existo".

Bom, preciso ainda esclarecer que existe uma classe de pessoas que discordam disso, não creem nesse papo de que o ser humano cria. Para elas, pode parecer até heresia querer comparar-se ao Criador.

Respeito esse posicionamento, digamos que se preferirem assim, tudo bem, que acatem essa posição de inferioridade, de dependência e submissão. Entendo o quanto isso é confortável. O conforto vem de você tirar a responsabilidade (daquilo que acontece na sua vida) de cima dos seus ombros e colocá-la nos ombros de Deus. Fica mais leve, não é?

Observo, porém, que esse pensamento vai de encontro (é o oposto) ao dito por um nobre personagem da nossa história, Jesus, o Cristo, que disse: "Em verdade, em verdade, vos digo que aquele que crê fará também as obras que eu faço e outras maiores fará." (João, 14:12)

Querido leitor, não estamos aqui discordando de crença alguma, respeitamos todas as verdades. Quero, para ilustrar mais, trazer ainda uma outra verdade recentemente aceita pela comunidade científica mais conservadora, que também acha improvável que os humanos possam materializar coisas.

Para esses cientistas, é mais razoável acatar a existência de realidades paralelas, inúmeras dimensões mais sutis além do que esta percebida com os cinco sentidos, composta de 3D (altura, largura e profundidade). Para eles, existem a 4ª dimensão alusiva ao tempo (a barreira do tempo que nos "separaria das demais"), a 5ª, a 6ª e assim sucessivamente.

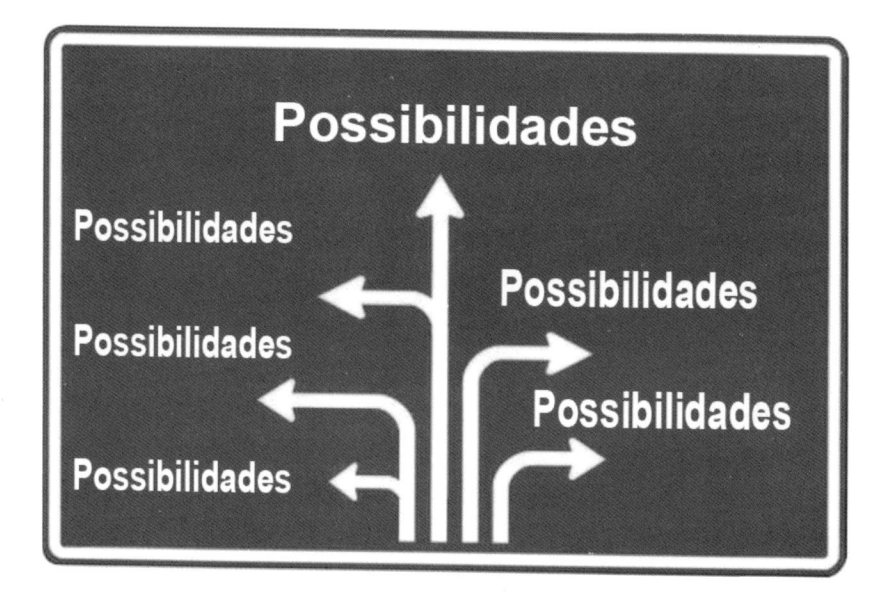

A física e a mecânica quânticas compreendem que há inúmeras dimensões com diversas possibilidades paralelas acontecendo em outros planos ou outros níveis vibracionais, onde tudo pode estar acontecendo (inclusive o passado, o presente e o futuro) neste exato momento. Nesses estados dimensionais, há realidades múltiplas e infinitas diferentes das que estamos percebendo aqui e agora, ou seja, realidades que existem nos campos sutis, criadas (talvez pelo Criador) e disponíveis. Nosso papel seria de apenas conseguir **acessar a realidade desejada** em conformidade com o nosso pensamento, sem precisarmos criá-la. O que no meu ponto de vista está perfeito também.

OK, não criamos? Mas então podemos captar, acessar, para que o estado desejado se manifeste em nossa vida. Como? Calma. Vamos aprender isso mais tarde, quando chegarmos no princípio da vibração. Vá anotando aí.

Exercício da 1ª lei: Mentalismo

O que você quer na sua vida? Qual realidade você deseja criar ou acessar? O que você deseja para você?

O que eu quero na minha vida?

Por conhecer a força do pensamento, conheço também a força contida nas palavras, no "verbo", pois quando estamos verbalizando, estamos dando a força da nossa ação à palavra. Nós potencializamos muito a energia do pensamento ao usar o nosso verbo.

Antes de passar para a próxima lei (ou princípio), preciso deixar mais uma dica: desfaça-se do hábito de reclamar. Nunca mais reclame de nada. A palavra "clamar" vem de "pedir". "Re" vem de "repetir", logo, reclamar significa clamar para que algo aconteça de novo! Aliás, se a vida é sua, tudo que acontece nela é com sua permissão, consciente ou inconscientemente você permite. Se você não quer que algo aconteça, não permita que aconteça. Se aconteceu, é porque foi permitido.

Reflita! Deixe de reclamar. Reflita sobre suas ações e reações, o que você deverá fazer para que aquela coisa não aconteça da próxima vez. Entendeu onde está seu poder? Está em agir preventivamente, em assumir as consequências dos seus atos. Você pode escolher uma ou outra realidade, cada uma delas terá uma consequência.

Se você escolheu agir para não acontecer, assuma as consequências; se você não agiu e acabou acontecendo o que você não queria, assuma também as consequências; porém, em qualquer das hipóteses acima, esqueça-se da reclamação!

Pare de reclamar, para sempre. Reclamar irá apenas reforçar a causa do seu incômodo, portanto, ciente disso, reclamar não é mais uma opção, pois você quer ser o fator que **determina** como você **vive** e quer viver.

Exercício de percepção e conscientização do seu poder

O que aconteceu recentemente que eu não gostaria que acontecesse?	O que eu poderia ter feito para impedir?

Mais uma dica muito importante: precisamos falar sobre a palavra "não". Essa palavra não funciona. Você já deve ter percebido que a maioria das vezes que você "gritou" para seu filho "não corre que você vai tropeçar" ou "não sobe nesse muro que você vai cair" ou "não pega a panela porque está quente" aconteceu tudo que você não queria.

1º Princípio: MENTALISMO

Agora perceba que todas aquelas "ordens" que você deu foram executadas de uma forma impecável: seu filho tropeçou, subiu no muro e caiu de lá, pegou a panela e se queimou, enfim... Foi ou não foi bem assim? Então você concluiu que seu filho é uma peste, é desobediente e que você não tem autoridade. Quer saber a verdade? Seu filho não é uma peste inconsequente, você é que não está se fazendo entender (parece que está falando grego), além disso seu filho não faz essas coisas só para contrariá-la.

O segredo é que a palavra "não" não tem valor energético, ela é nula, ou seja, não é negativa, e sim, simplesmente, nula, por isso não é processada pelo cérebro humano (principalmente infantil), tampouco pelo

Universo e pela Mente do Todo. A mente não sabe o que fazer com essa informação ("não") e simplesmente apaga.

Então raciocine comigo: se essa palavra não é processada, qual a ordem que foi dada a seu filho? "[**Não**] corre que você vai tropeçar"; "[**Não**] sobe nesse muro, que você vai cair"; "[**Não**] pega a panela porque está quente". Viu que filho obediente você tem?

Isso vale para tudo! Então é por isso que aquela oração não funcionava? Sim, exatamente porque rezava: "por favor, Deus, que 'não' me falte dinheiro na vida". Na verdade, o que a Mente do Todo processava? "Que me falte dinheiro na vida". E ainda estendia as "bênçãos" para toda a família, não é? "Que 'não' falte dinheiro para o Joaozinho, para Mariazinha...". Muitas vezes, a gente ainda pede para não ficar gorda, para não ficar velha, para não ficar feia... Observe que ao invés de **focar** no que a gente quer (deseja), a gente fica focando naquilo que não quer. Por não ter esse conhecimento, é isso que estamos atraindo.

Tive esse *insight* durante uma peregrinação, levando um grupo de 45 pessoas para subir os 7 mil metros da trilha ao topo do Monte Sinai no Egito, enquanto meditava sobre os dez mandamentos, mas isso é assunto para um próximo livro.

8

2º Princípio:
CORRESPONDÊNCIA

"O que está em cima é como o que está embaixo; e o que está embaixo é como o que está em cima."

É possível entender o comportamento das galáxias se entendermos o comportamento das moléculas. Há uma correspondência entre todos os planos. Esse princípio desvenda inúmeros mistérios.

Com certeza você já ouviu aquela célebre frase de William Shakespeare: "Há mais mistérios entre o Céu e a Terra do que a nossa vã filosofia possa imaginar". Este é mais um pensador inspirado no hermetismo.

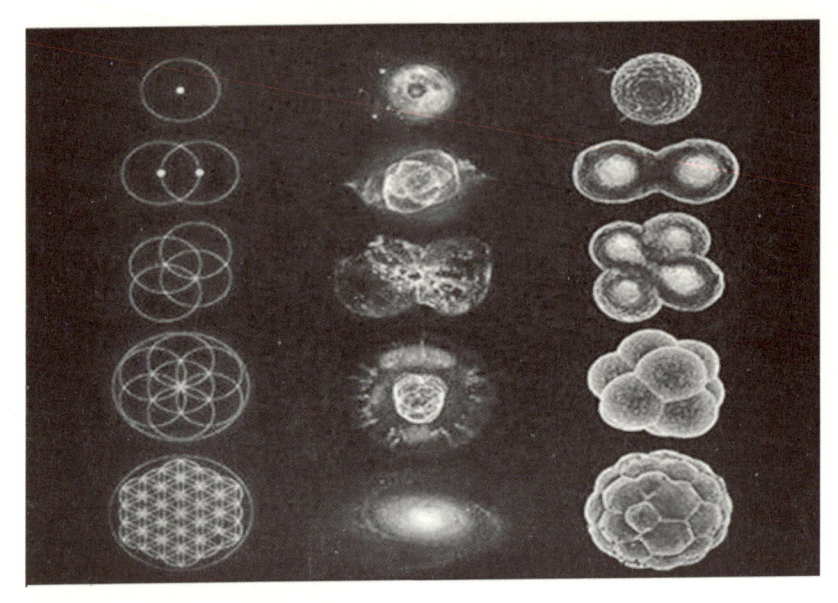

| Geometria | Astronomia | Biologia |

Se você é curioso como eu, sempre quis saber como seriam os outros mundos, "as muitas moradas do Pai", e não se conforma com enigmas e dogmas, coisas que ninguém explica. Você vai querer investigar, ir à busca de explicações, até que faça algum sentido e consiga perceber por si só qual é esse sentido. Que há sim uma correspondência entre as "leis" e os fenômenos que vê.

Veja, esse princípio está nos dando uma dica preciosa: a informação de que o que está em cima (aquilo que não vemos, não tocamos, não cheiramos, aquilo que desconhecemos) é como o que está ao nosso alcance (aqui embaixo) e conhecemos! Essa também é uma sabedoria muito antiga que ouvi em um seminário de Tradições Sagradas Brasileiras.

Segundo o povo Tupi-Guarani, o mundo do meio (material, onde pisamos) é um espelho, como um lago. Um espelho imperfeito do mundo do alto. Por que o reflexo é imperfeito? Porque o mundo do alto é perfeito, mas seu reflexo não.

Você pode estar olhando a superfície de um lago límpido e sereno e ver o reflexo do sol, o céu azul e as nuvens... tudo igual, **parece perfeito**, mas se alguém derrubar uma grande pedra na água, ela se agitará e irá distorcer a imagem refletida; se a areia do fundo for levantada, a água ficará turva. A imagem ficará muito diferente daquela do alto que está sendo refletida. Então você, intrigado, olha para o céu e vê que lá continua tudo certo e perfeito. Esse exemplo mostra que o mundo de baixo sofre interferências, por isso parece imperfeito.

E quem interfere? Nós mesmos. Nós interferimos a todo instante no ambiente, jogamos a pedra, reviramos a terra e distorcemos a perfeição do reflexo. Interferimos na harmonia do nosso ambiente todos os dias com nossas ações, atitudes e pensamentos.

Na realidade, podemos saber que em todos os planos, que compõem o Todo, o que está em cima é como o que está embaixo; e o que está embaixo é como o que está em cima. Cabe a nós não abalarmos a harmonia e a "perfeição" do mundo material (o de baixo) e deixarmos de interferir tanto com pensamentos e atitudes inferiores.

Esse segundo princípio é o que Madame Helena Blavatsky explicava em suas obras *Ísis Sem Véu* e *A Doutrina Secreta*. "Retirar os véus de Ísis" significa conhecer e compreender nosso plano para entender como são os planos superiores, "as muitas moradas do Pai".

Além de suprir parte da nossa curiosidade de saber como são os mundos superiores, o segundo princípio nos ensina que o **que está fora é como o que está dentro, e o que está dentro é como o que está fora.**

O que vejo no outro é como o que eu tenho dentro de mim, o outro é meu reflexo. Isso quer dizer que se vejo algo em alguém que me causa muita admiração, se estou percebendo isso naquela pessoa, é porque tenho tudo aquilo dentro de mim, mesmo que esteja escondido, eu tenho. Se eu quiser ser assim, basta trabalhar em mim tais qualidades latentes. **O potencial existe.**

Da mesma forma, se me incomodo com o jeito de uma pessoa, se ela me causa asco, repulsa ou revolta, se fui capaz de detectar isso nela, é porque tenho isso dentro de mim. Essa pessoa está aí apenas para que me seja mostrado algo que está escondido dentro de mim e que eu preciso limpar, curar, transmutar e perdoar.

Isso que vejo no outro é meu, a pessoa é apenas o espelho com o reflexo, assim como o lago. Você só reconhece aquilo que lhe pertence. Se não tivesse aquela sintonia, você não seria capaz de ver nem de sentir aquilo do outro. Se estiver dentro de você, verá fora, e se não há isso dentro você, não enxergará fora.

Essa lei deixa claro que desde o Egito, naqueles remotos tempos, até mesmo em outras tradições distantes como a Havaiana, considera-se essa verdade e se compartilha desse mesmo princípio. Os anciões havaianos também ensinam isso. Hoje em dia é bastante difundido no Brasil o Ho'oponopono, um exercício lindíssimo de cura que tem ajudado muita gente, confirma e nos lembra de que o que está fora é como o que está dentro.[4]

Segundo os ensinamentos havaianos, devemos pedir à Divindade para limpar em nós o que estiver causando tal característica no outro. A tradição pede ainda para que sejam limpas e purificadas as memórias e a origem causadora das ditas distorções refletidas, e que ambos sejam libertados das consequências e perdoados.

O hermetismo diz que o que vejo no outro é análogo àquilo que está em mim, pode não ser igual, mas me fará lembrar o que preciso curar.

Reforçando: tudo é espelho. Preste atenção no que você "vê" no outro!

Se vejo uma virtude numa pessoa, é porque tenho dentro de mim a mesma virtude com mesmo potencial de manifestação. Está tudo aqui, é só achar e cultivar. Se eu não tivesse aquilo dentro de mim, não perceberia no outro; simplesmente a veria como uma pessoa comum, mas não chamaria a minha atenção.

---
4. Joe Vitale em *Limite Zero*, 2009.

Da mesma forma, se eu vejo uma falha grave no caráter de alguém e aquilo me incomoda muito a ponto de ter de me manifestar, xingar, esbravejar e falar mal da pessoa, devo tomar como um **sinal de alerta** e iniciar nesse exato momento uma procura dentro de mim do que está refletindo aquele aspecto no caráter da pessoa. Pode não ser exatamente a mesma coisa, mas será análogo, por isso devo iniciar hoje mesmo o meu processo de autoanálise e de autocura, **para que eu não precise mais atrair pessoas assim para povoarem a minha vida.**

Tudo é espelho, tudo que reflete é o que eu tenho ou sou e serve para meu próprio autoconhecimento, lapidação e evolução.

Exercício da 2ª lei: Correspondência

Faça uma lista das sete pessoas que você tem mais repúdio, asco ou aversão, aquelas que a incomodam mesmo só de pensar nelas.

Escreva para cada pessoa quais são os "defeitos" delas que fazem com que você tenha tanta aversão.

A pessoa de quem não gosto	A característica, o motivo de não gostar

Agora, **esqueça** os nomes das pessoas, não se importe com elas, são apenas personagens fazendo o papel de espelhos. Copie a seguir apenas os adjetivos.

A característica, o defeito que eu não gosto nela e me incomoda

Agora faça uma lista de pessoas que você admira muito e depois identifique o porquê dessa admiração.

Nome da pessoa	A característica, qualidade ou virtude que admiro nela

Comece a identificar esse potencial em você, a trabalhar e cultivar mais e mais essas suas **qualidades adormecidas**.

Copie a seguir as qualidades, os adjetivos e as virtudes e concentre-se nisso.

Característica, qualidade ou virtude que admiro e desenvolverei em mim?
Eu sou...
Eu sou...
Eu sou...
Eu sou...
Eu sou...
Eu sou...
Eu sou...

Deixe uma cópia dessa lista em um papel **bem à sua vista.** Apenas com as virtudes, sem os nomes próprios. E repita em voz alta durante sete (7) dias por sete (7) vezes: "Eu sou (a virtude detectada)".

Agora, concentre-se nos outros adjetivos, os "defeitos" das outras sete pessoas, e **esqueça as pessoas,** que são apenas espelhos, os personagens representando o que você precisa ver em você e que necessita ser curado.

O que eu supero, transmuto, limpo, purifico, perdoo em mim e me liberto, agora e para sempre
Agradeço e aceito esta cura.

Deixe esse outro papel onde você possa vê-lo facilmente, para que durante sete dias você repita em voz alta: "Eu limpo, transmuto, perdoo e supero esses aspectos ocultos no meu ego".

Comece hoje mesmo a sua autocura!

Faça uma terceira lista apenas com os nomes de pessoas sem característica alguma, deixe em um local que você possa vê-la com frequência e durante sete dias ou sempre que lembrar leia os nomes e diga: "Eu os reconheço como meus mestres,[5] sou grato a vocês porque me ajudaram a descobrir em mim o que precisava ser curado para minha própria evolução como ser humano que Eu Sou".

Nome da pessoa que serviu de espelho

Repita em voz alta: "Eu os reconheço como meus mestres e sou grato a vocês por tudo que me ajudaram a descobrir em mim para minha própria evolução como ser humano que Eu Sou".

Amado leitor, uma última dica (neste capítulo): nunca mais culpe ninguém! Não existem culpados, há apenas o responsável por cada acontecimento. Se o acontecido foi com você, advinha quem é o responsável? Você! Essa verdade é forte, não é? Um pouco difícil de admitir...

Agora, respire fundo e solte o ar três vezes. Retifique sua coluna vertebral, seu pescoço e alinhe sua cabeça, encoste as plantas de seus pés no chão e tire os sapatos. Imagine uma luz violeta entre você e as pessoas que serviram de espelho, traga-as para sua tela mental, depois para seu coração e as acolha em um forte abraço de luz lilás, que tem a vibração do amor, da transmutação e da libertação. Peça mentalmente perdão pelo julgamento que fazia delas e se perdoe também. Vai melhorar. Vai passar.

---

5. Indivíduo que ensina.

Se você me levar a sério, se fizer esse exercício corretamente, não só com sete pessoas, mas com **todas** que considera difíceis de lidar, eu prometo que após o exercício e o aprendizado seus espelhos irão refletir outra imagem sua, muito mais agradável. Um outro você.

Asseguro que todos os seus problemas de relacionamento irão acabar. Em qualquer âmbito, amoroso, familiar, profissional com chefes, com subalternos, com colegas e até com a concorrência.

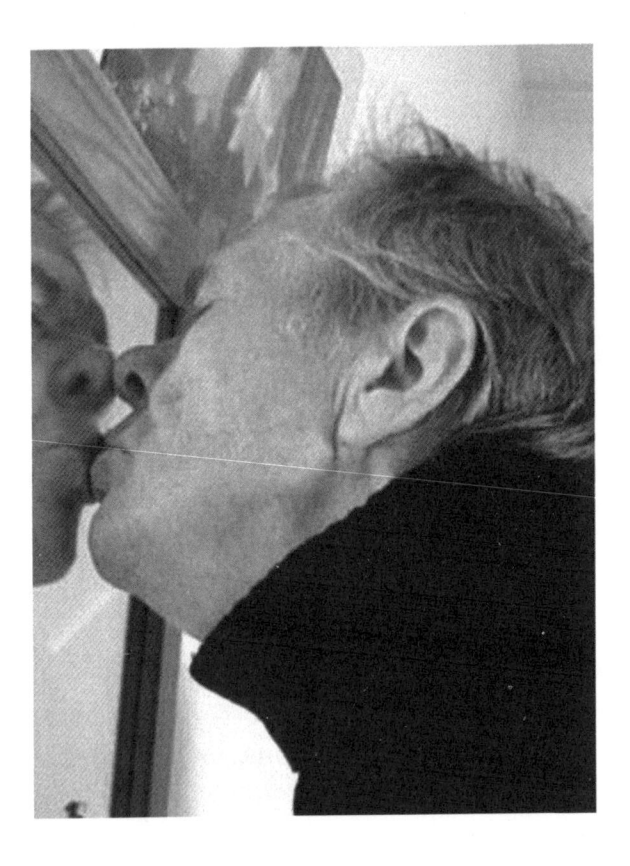

Tudo será superado e você não vai mais continuar atraindo **repetidas vezes** o mesmo tipo de pessoa para povoar sua vida – controlador, raivoso, dominador, injusto, ingrato, desrespeitoso, abusivo, folgado, agressor, estressante, pessimista, desconfiado, invejoso, mentiroso, estelionatário... e assim por diante. Estes desaparecerão do cenário!

Vai parecer que você fez um curso de relações humanas, vai perceber que as pessoas gostarão de estar com você, pois você será mais compreensivo e tolerante e será praticamente um diplomata. Isso ocorrerá simplesmente porque você aprendeu que tais pessoas se aproximavam de você apenas para ajudar na transformação dessa versão revisada e melhorada de si mesmo. Sua vida irá mudar muito e para melhor! Seus relacionamentos serão leves e compassivos.

9

3º Princípio: VIBRAÇÃO

"Nada está parado; tudo se move, tudo vibra."

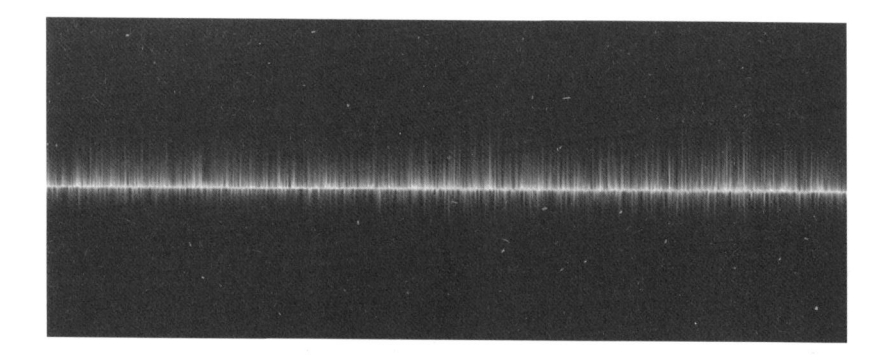

Tudo vibra: essa cadeira, essas roupas, esse corpo, essa planta, essa câmera, este livro, seu telefone, nada está parado, tudo está vivo e vibrando, tudo tem consciência e memória.

Apenas no século XIX a física clássica redescobriu essa realidade, e os cientistas modernos concordaram com os antigos pensadores hermetistas que diziam que tudo não só está em constante movimento como as diferenças entre as coisas manifestadas se deve aos variados modos e ritmos de vibração. Até o Todo em Si Mesmo manifesta uma vibração constante de grau e velocidade infinitos.

O Caibalion esclarece:

"A vibração na matéria surge da temperatura ou calor; independentemente de estar este objeto material quente ou frio, ele apresenta certas vibrações de calor e, nesse sentido, se encontra em movimento e vibração. As partículas se encontram em movimento circular. A luz, o calor, o magnetismo e a eletricidade nada mais são do que formas de movimento vibratório emanadas pelo Éter (Espaço). A substância etérea possui extrema tenuidade e elasticidade e preenche todo espaço universal servindo como meio de transmissão de ondas de energia vibratória como o calor, a luz, a eletricidade, o magnetismo. A substância etérea é o elo, a ligação entre as formas de energia vibratória conhecidas como matéria. Vamos imaginar um pião girando rapidamente e observar a elevação dos ritmos dos giros.

O objeto no início girando em baixa velocidade pode ser visto facilmente, porém nenhum som é gerado pelo movimento que seja percebido pelos nossos ouvidos. A velocidade aumenta seu giro de modo que, em alguns momentos, um ruído baixo pode ser ouvido de uma nota grave, baixa, e conforme vai aumentando a velocidade, a nota vai se elevando na escala musical. Uma após a outra, todas as notas começam a ser ouvidas e cada vez mais altas, de acordo com a velocidade do pião. Quando o giro alcança certo ritmo, a última nota perceptível à audição humana é ultrapassada, e um som agudo ressoa morrendo seguido pelo silêncio.

Dessa forma perceberemos o calor em graus cada vez mais elevados, e após algum tempo nossos olhos percebem que o pião vai ficando avermelhado. Conforme a velocidade aumenta, o vermelho se torna mais cintilante. O ritmo se eleva, o vermelho vai se tornando alaranjado, depois amarelo, e assim, sucessivamente, o pião brilha em verde, azul até chegar à cor violeta. No entanto, ainda há raios invisíveis aos olhos humanos, mas que são percebidos por alguns animais e lentes de máquinas fotográficas, que são outras formas mais sutis de luminosidade.

O pião começa a emitir raios X, e sua constituição começa a se modificar. A eletricidade e o magnetismo são também gerados e emitidos por esse atrito se o grau adequado de velocidade é alcançado. Quando certo grau de vibração é atingido, o pião começa a se desintegrar, suas moléculas voltam a constituir átomos separados uns dos outros. Esses átomos, seguindo o princípio da vibração, se separam nos incontáveis corpúsculos dos quais são compostos e finalmente desaparecem, e o pião passa a compor a própria **substância etérea**. A ciência moderna já comprovou esse estado com seus experimentos".

De acordo com os hermetistas, se a vibração do que sobrou desse objeto, ou seja, sua energia em memória e consciência, fosse aumentada ainda mais, ela se elevaria até chegar aos estados mentais e seguiria em direção ao espírito, até retornar ao Todo, que é o **espírito Absoluto**. Segundo o que diz a lei da correspondência, o microcosmo é igual ao macrocosmo, seja um objeto, seja um homem ou um planeta. Tudo é constituído da mesma substância primordial, do mesmo modo e com os mesmos elementos químicos.

Parece-me que o modelo que foi utilizado para criar o átomo foi usado também para criar o sistema solar, a galáxia e os Universos, só muda a escala. A grandiosidade dos sistemas solares nas galáxias está espelhada na minuciosidade dos átomos, nas moléculas em nossos corpos e em tudo que vemos e naquilo que não vemos.

Não sei se você teve a oportunidade de estudar física ou química, mas aqueles que viram imagens microscópicas de moléculas, substâncias, elementos, células e átomos se depararam com imagens muito semelhantes às que são vistas em observatórios astronômicos, os conhecidos planetários.

Hoje com a Internet, tudo isso está acessível, e mesmo que nunca tenha estudado física nem química, se for curioso, um "cientista autodidata", navegando pela Internet poderá constatar isso. Tanto aqueles planetas gigantes e distantes quanto os elétrons dentro dos átomos que compõem as moléculas que compõem as células não estão parados.

Eles giram continuamente, a uma velocidade impressionante, cada um na sua frequência vibratória ou giratória singular, diferente umas das outras, essa particularidade (na velocidade) dos ciclos é o que diferencia cada tipo de substância, elemento ou corpo celeste (planetas) uns dos outros.

Desde a molécula, o corpúsculo do átomo, o elétron, até os mundos e os Universos, tudo está em movimento vibratório. Isso ocorre em todos os planos da energia e da força. Os planetas giram em torno dos Sóis e giram sobre seus eixos, os Sóis giram ao redor de grandes pontos centrais, e estes se movem ao redor de maiores e assim por diante. O mesmo acontece nas moléculas, nos átomos que as compõem e são compostos por partículas – elétrons, íons e nêutrons, que giram ao redor de um ponto central, tudo está em estado de movimento, vibrando sempre.

Assim é a luz, o som, o calor, o magnetismo, a eletricidade. São formas de movimentos vibratórios, todas emanadas do éter ou espaço. Como vimos, o éter, ou substância etérea, é de extrema tenuidade e elasticidade, penetra o espaço universal servindo de meio de transmissão das ondas da energia vibratória, como o calor, o som, a luz, a eletricidade e o magnetismo. Em ambos os casos, existe uma força de atração que mantém todos esses sistemas coesos girando continuamente ao redor de seu centro (falaremos sobre essa força de atração quando chegarmos ao último princípio: masculino e feminino).

O princípio da atração é o mesmo da vibração, que diz que semelhante atrai semelhante, seja por atração molecular, atômica, afinidade química e/ou coesão. Voltando à Lei do Ritmo: a ciência médica se utiliza de vários instrumentos para a medição de ciclos com inúmeras finalidades.

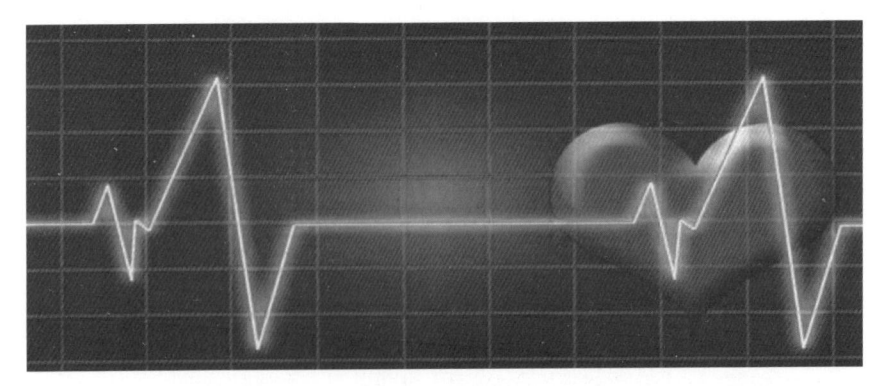

Os frequencímetros, como o eletroencefalograma, o eletrocardiograma, frequencímetros de pressão sanguínea arterial e outros tantos servem para medir as diferentes frequências (ciclos – repetições de movimento) do nosso corpo, para diagnosticar se estamos saudáveis, dentro de um padrão considerado normal e aceitável, ou se estamos caminhando para uma patologia qualquer, caso um desses instrumentos apresente o registro de alguma arritmia. É sinal de que estamos vibrando fora do ritmo naturalmente desejável (pode ser no cérebro, na respiração, nos pulmões, no coração, na circulação sanguínea, na musculatura involuntária, com espasmos, convulsões), ou seja, em todos os nossos sistemas, seja simpático ou parassimpático, há um ritmo considerado normal, natural e desejável para o funcionamento de cada parte do nosso organismo.

Você com certeza já recebeu alguma notícia ruim de supetão e seu coração disparou (mudou a frequência dos seus batimentos cardíacos), e isso pode ter desencadeado reações adversas no seu no corpo, como tremor, suor, frio, etc. Esses são apenas exemplos de como somos suscetíveis a mudanças vibracionais. Sem treino e conhecimento, não temos controle sobre nossos próprios corpos.

Existem exercícios para desenvolvermos o máximo do controle sobre o nosso organismo. Já ouviu falar em yoga, em iogues adiantados, em faquires, em mergulhadores de apneia, em seres que controlam o frio e o calor do seu próprio corpo, independentemente da temperatura ambiente? Já ouviu falar em meditadores que controlam suas ondas mentais na frequência que desejam, mesmo estando no meio de uma avenida movimentada? Pois é. Tudo isso existe.

As pessoas que desenvolvem essas faculdades não visam ao exibicionismo, e sim controlar seu corpo, suas sensações e assim cessar o sofrimento.

Não controlam o ambiente externo (o que está fora e é o que é), mas sabem deixar fora. Sabem que não há a necessidade de interiorizar tudo que está fora (afetar seu interior).

Isso é o que as difere do humano comum, pois entendem que são "donas" do seu corpo e podem controlar o que está dentro, aprenderam a controlar sua **vibração**.

Vou contar um segredo: isso não é difícil! Tudo o que há no organismo e no corpo de um iogue também existe no seu corpo. Quem nos projetou usou um único projeto, temos o mesmo número de ossos, músculos, órgãos, dentes... Tudo igual! A única diferença é que os iogues estudaram, treinaram, e nós não.

Os ensinamentos herméticos dizem que "toda manifestação do pensamento, emoção, raciocínio, vontade, desejo, é acompanhada de vibrações. Estas chegam a afetar a saúde e a mente, nossa e de outras pessoas pelo fenômeno da indução. Esse fenômeno pode ser chamado de **influência mental vibracional**".

Em estudantes mais adiantados, o controle do poder mental pode evitar disfunções vibracionais e rítmicas e pode ser usado para produzir o fenômeno da telepatia, que nada mais é do que uma forma de comunicação por meio de emissores e sensores de ondas vibracionais. Sensores estes que todos nós temos, mas que estão atrofiados por falta de uso e treino.

"Todos os pensamentos, todas as emoções ou estados mentais têm um grau de vibração que pode ser reduzido ou aumentado voluntariamente conforme o desejo da pessoa treinada ou de acordo com a vontade de outras pessoas".

Se você está atraindo doenças, prejuízos, golpes, acidentes, assaltos, furtos, chateações, inveja, trapaças, oportunismos, estelionatos... se as coisas estão dando errado na sua vida, é porque **você está vibrando baixo**!

Se isso acontece, é porque sua frequência vibratória está muito próxima, semelhante à frequência vibratória desses padrões ou dessas pessoas e, provavelmente, continuará atraindo cada vez mais eventos e indivíduos desse tipo para perto de você.

Para quê? Para que você seja obrigado a olhar para isso! E mudar, se quiser.

Exercício da 3ª lei: Vibração

O que tem acontecido de ruim na minha vida nos últimos anos e eu não gosto?

Olhe para dentro de você e se pergunte: o que eu estou fazendo ou pensando que tenho atraído todas essas circunstâncias indesejadas? Lembre-se: tudo é espelho! O semelhante atrai semelhante, isso é uma evidência de que está vibrando de forma semelhante, na mesma frequência do que atraiu.

O que eu posso estar fazendo (como estou vibrando) para estar atraindo cada um desses eventos indesejados?

Seja grato! Há algo que fez você lembrar daquela sujeira que esconde debaixo do tapete e não quer que ninguém veja. Pode ser tão feio que escondemos até de nós mesmos e nunca pretenderíamos admitir. Pois bem, não admita em público, não precisa passar vergonha, nem se humilhar, ninguém aqui está dizendo que você deve ir se confessar e pagar penitência porque vibra baixo e atrai coisas ruins.

3º Princípio: VIBRAÇÃO

Mas não se engane mais, não minta para você mesmo. Admita em sigilo, pois este é o caminho para você se livrar disso: **tomar consciência**! Não se revolte pelo sinistro, não odeie essas pessoas que aparentemente o prejudicaram. Aprenda a transmutar mentalmente e adquira o domínio da sua própria vibração, elevando seu estado vibracional, o do ambiente ao seu redor e, consequentemente, das pessoas próximas.

Como posso pensar, agir e vibrar para modificar isso? Qual o oposto do que faço para atrair e vibrar em outra polaridade?

Você já observou como o bom humor é contagiante? Lembra-se daquela pessoa que você conhece que, ao entrar na sala com o sorriso largo, contagia a todos no ambiente? E quando em um grupinho uma pessoa começa a gargalhar sem controle e no mesmo instante todos estão gargalhando sem nem saber o motivo? Sim, a gargalhada é uma das maneiras mais "fáceis" de elevar nossa vibração, pois ela nos faz entrar em conexão com dimensões muito sutis e elevadas. Você já ouviu sua vó dizendo que os anjos riem e são alegres, que eles gostam de nos ver felizes? Isso é verdade! Quando rimos muito, estamos nos aproximando das dimensões angelicais! Não é lindo?

Aprenda a elevar sua vibração. Comece a se limpar, a se purificar, a se curar, a se perdoar. E quando esse perdão acontecer, seu imã vai se modificar, vibrar mais alto e irá atrair as coisas legais. No livro *O Caibalion*, lemos que a diferença entre diversas coisas, Energia, Mente e Espírito, advém de formas variadas de vibração. Desde o Todo que é Puro Espírito até as formas mais grosseiras da matéria, tudo está em vibração. Numa escala a vibração do espírito é muito intensa, é de rapidez infinita. E na extremidade inferior da mesma escala estão as coisas grosseiras que formam a matéria e são tão vagarosas que parecem estar paradas. Entre esses polos existem milhões e milhões de graus diferentes de vibração.

Cabe a você, leitor, e a mim conhecermos as vibrações mentais nossas e as dos outros, assim como aprendermos a transmutar baixas vibrações em altas.

21 dicas para elevar sua frequência vibratória e mudar seu padrão para melhor

Siga estas dicas e se surpreenderá:

1. Pense em coisas boas.
2. Assista a bons programas e filmes.
3. Contemple a natureza. Procure lindas paisagens para admirar.
4. Ouça cantos gregorianos, música clássica, mantras, sons de sinos, de flautas, tambores, ouça o som das ondas, das cachoeiras, dos ventos e dos pássaros, repense seu gosto musical, atente para as letras e melodias, existem músicas que edificam e há músicas que destroem.
5. Cante, solte sua voz, cante as vogais do seu nome e com isso você ouvirá a vibração da sua alma, conhecerá seu **tom** e poderá até descobrir seu nome interno. Existem exercícios para isso. Se um dia você fizer curso comigo, poderei lhe ensinar.
6. Faça arte, pinte, desenhe, rabisque uma poesia, traga o belo e a arte para sua vida.
7. Coma alimentos que não representem a violência, sem agrotóxicos, ingira alimentos de **todas as cores**.
8. Use roupas confortáveis, de cores vibrantes e alegres se você estiver triste. Use roupas claras e serenas se você estiver nervoso, não use vermelho e, por favor, não use preto se você estiver deprimido. As cores vibram de forma diferente umas das outras, cada uma serve para ativar determinado estado que afetará você, as pessoas ao seu redor e os ambientes; repense sobre as cores das paredes de sua casa. Eu utilizo cores e sons como **remédios**, você pode aprender isso também pesquisando sobre cromoterapia.
9. Fale frases bonitas, seja gentil com as pessoas, sorria.

10. Pratique ao menos um ato de bondade por dia e não conte para ninguém.

11. Beba muita água filtrada, água solarizada; tome banho de mar e de cachoeira quando puder.

12. Caminhe descalço todos os dias, plante flores, ervas, tenha um jardim mesmo que seja em pequenos vasos, como, por exemplo, em um apartamento. Basta que você tenha contato com o verde das plantas, pois elas têm a vibração da verdade e da cura.

13. Dance ou faça exercícios com seu corpo, ele não foi projetado para o sedentarismo. Um corpo parado deixa energia estagnada e gera doenças. Alongue-se, trate de trabalhar a flexibilidade no seu corpo; uma pessoa rígida terá uma vida rígida e não conseguirá se adaptar, se dobrar ou se esticar quando a vida exigir.

14. Saiba do que você gosta. Você por acaso sabe do que gosta? Tem pessoas que não sabem, podem dar a lista de preferências dos filhos e do marido/da esposa, mas se forem indagadas do que gostam, não saberão responder. Ficam com a voz embargada, pois precisarão olhar para si a fim de descobrir, e isso pode ser assustador para alguém que nunca se permitiu pensar em si mesma.

15. Receba uma massagem e faça uma em alguém.

16. Caminhe ao sol. Olhe para o sol nascente e poente em silencio e sem óculos.

17. Leia e ouça piadas, aprenda a rir e gargalhar, vá ao teatro, assista a comédias de bom gosto.

18. Cozinhe algo especial para si e para quem você ame, saboreie sem pressa essa refeição, com decoração e músicas bem escolhidas.

19. Saiba conversar, saiba ouvir antes de falar, não retruque, reflita antes de responder qualquer coisa, perguntando mentalmente a si mesmo: isso vale a pena ser dito? Isso que eu quero dizer pode ser considerado uma bênção? Se não, então nem

fale. "Tudo aquilo que não for uma bênção pode ser, por isso mesmo, uma maldição", dizia Seraphis Bey. Há muitas palavras que não merecem ser ditas nem ouvidas. Pense: se estivessem sendo ditas para você, como se sentiria?

20. Presenteie alguém diferente a cada mês, alguém mais velho, pessoas que você não conhece ou um conhecido, faça uma visita, dê sua presença, sua atenção, dê algo que você fez ou comprou.

21. Treine mais e mais o que acabou de ler, traga isso para sua rotina e treine. Ficamos bons naquilo que treinamos e ficamos melhores naquilo que treinamos mais! Então treine até ficar natural e fazer parte dos seus hábitos.

Experimente e depois me conte como foi sua experiência. Pode ser por *e-mail*[6] ou pelas redes sociais, mas quero ter o seu retorno, combinado? Vou ficar muito feliz quando você me escrever dizendo que aprendeu a elevar sua vibração e a atrair apenas coisas boas, coisas que você deseja.

---

[6]. Meu contato está no final do livro.

10

4º Princípio:
POLARIDADE

"Tudo é duplo, tudo tem polos; tudo tem seu oposto, o igual e o desigual são a mesma coisa; os opostos são idênticos em natureza, mas diferentes em grau; os extremos se tocam; todas as verdades são meias verdades, todos os paradoxos podem ser reconciliados."

Esse princípio nos mostra que tudo é duplo, tudo tem dois lados e tudo tem o seu oposto. Na verdade, os opostos são idênticos em essência, são a mesma coisa, mas variam em grau. Os opostos nada mais são do que os extremos da mesma coisa que se encontram e se tocam no meio, por isso podem ser reconciliados. Em cada palmo da Terra, se analisarmos a verdadeira natureza de qualquer coisa, veremos que esse princípio se aplica a tudo.

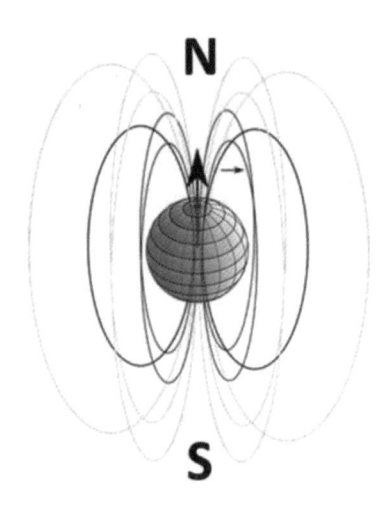

O Planeta Terra tem dois polos – o Polo Norte está muito distante do Polo Sul, e eles parecem diferentes, mas o que há entre eles é terra, e ambos também "são a Terra".

> Assim como a Terra tem as montanhas, tem os vales. O mesmo podemos dizer do Oriente e do Ocidente, que nos parecem tão distintos, mas se iniciarmos uma "volta ao mundo" em direção ao Oriente e se viajarmos muito nessa direção, chegaremos novamente ao Ocidente. Se fizermos uma longa jornada em direção ao Norte, em algum momento estaremos chegando ao Sul, ainda que do outro lado da Terra. (*O Caibalion*)

A noite e o dia, a luz e a obscuridade, o quente e o frio parecem antagônicos, mas são compatíveis, porém com muitos graus entre os dois extremos que mostram aspectos opostos da mesma coisa. Há situações em que percebemos mais facilmente essa "semelhança" entre os opostos: como na escala musical e suas notas DÓ, RÉ, MI,

FÁ, SOL, LÁ e SI... DÓ, RÉ, MI, FÁ, SOL, LÁ e SI... DÓ, RÉ, MI, FÁ, SOL, LÁ e SI... A cada oitava nota, a escala se repete, porém em afinação mais elevada, mais aguda, que vibra cada vez mais rapidamente. Quanto mais grave é a nota, mais baixa é sua vibração; e quanto mais aguda é a nota, mais alta é sua vibração. É importante observar que a mais aguda e a mais grave são a mesma coisa, ou seja, notas musicais, são os sons sendo propagados em níveis diferentes de vibração.

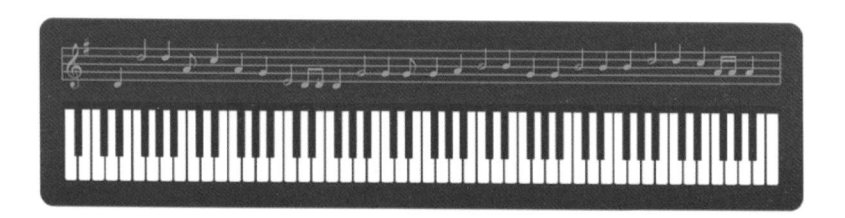

Na escala de cores também funciona dessa forma. A vibração mais alta e a mais baixa na luz é o que difere entre as cores violeta e vermelha.

"E o que falar do Grande e do Pequeno, são relativos; o barulho e o silêncio, o duro e o maleável, o positivo e o negativo são e serão sempre a mesma coisa com incontáveis graus entre eles." (*O Caibalion*)

O quente e o frio, por exemplo, parecem coisas distintas, mas na realidade são temperatura, ou seja, a quantidade de calor é que vai diferenciar o frio do calor, a intensidade, a vibração. Essa variação é expressa na gradação entre os polos extremos do termômetro; o polo inferior é o frio, e o polo superior é o calor.

Nada é absolutamente frio e nada é absoluta e definitivamente quente. Existem estágios que vão do frio ao quente e do quente ao frio. Se aumentarmos a temperatura sobre um gelo, ele se transformará em água fria, água morna, água quente, em vapor e novamente se esfriará. Assim que o fogo vai perdendo o calor, diminuirá também sua luz, ele se tornará brasa, esta esfriará e se tornará cinza.

Observe um termômetro qualquer e tente indicar onde acaba o frio e onde começa o calor! É impossível! Há uma escala entre esses dois extremos em que percebemos que o frio e o calor se mesclam no meio, são a mesma coisa, e seus extremos se tocam, portanto podem ser transmutados um no outro.

Tudo que pertence a uma mesma classe pode ser "transmutado" e reconciliado. Coisas de classes distintas não (você não pode transformar a obscuridade em calor, tampouco o quente em noite, ou o vermelho em dia).

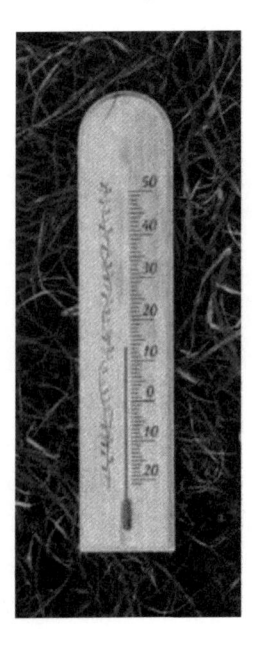

A luz e a obscuridade fazem parte da mesma classe, diferenciam-se apenas por causa dos graus variados entre seus dois extremos, o que varia é a intensidade da luminosidade. Não há como indicar onde acaba a escuridão e onde começa a luz. Assim é o dia e a noite, o grande e o pequeno, o alto e o baixo, o melhor e o pior, o bem e o mal e tudo mais.

O ser humano costuma ver em tudo o **bem** e o **mal**, porém o hermetismo diz que o Todo é amoral, o Universo não julga, para Ele não existe o bom ou o mau, há apenas os dois extremos da mesma coisa que nos parecem opostas. Por exemplo: a euforia e a depressão, a explosão de uma supernova e o buraco negro, o côncavo e o convexo, o medo e a coragem são os dois extremos da mesma coisa.

Todas as coisas têm dois lados opostos, nada é 100% de um jeito; uma pessoa boa não é sempre boa, não é boa para todos, assim como uma pessoa que entendemos como má pode ser muito boa para seus próprios filhos.

Nada nem ninguém neste plano escapa desse princípio. Tudo é relativo, como dizia Albert Einstein quando criou a Teoria da Relatividade, inspirado nesse princípio da polaridade. Ele afirma que os opostos podem ser reconciliados; logo, poderão **ser transformados, transmutados:** frio em calor, ódio em amor, medo em coragem, obscuridade em luz. Então tenhamos isto em mente: nada é o que parece ser, pode ser o oposto do que parece.

Sabido isso, doravante, se você tem uma convicção, duvide dela, pois não é absoluta, por mais que pareça ser. Se você observar **por outro ponto de vista**, perceberá.

Tente fazer o seguinte exercício: antes de discutir com alguém por qualquer motivo que seja, tente se colocar no lugar do outro. Perceberá que existe outra possibilidade: a de ele estar certo e você equivocado; você poderá perceber ainda que ambos podem estar certos. "Todas as verdades são meias verdades" (*O Caibalion*). Seu lado da verdade conta só com 50% da verdade, os outros 50% podem ser a verdade do outro, a outra metade correta, entende?

Esse princípio se mantém quando falamos de coisas materiais ou fenômenos da natureza. Já falamos de ideias e de fenômenos, agora vamos dar o exemplo de um sentimento: você acha possível transformar amor em ódio e vice-versa? Vou provar que sim, é possível.

Provavelmente você já presenciou isso ou talvez até tenha vivenciado essa experiência. Afinal, quem nunca começou um namoro amando perdidamente uma pessoa? Era capaz de fazer loucuras para estar perto dela? Mas, de repente, essa pessoa nos trai! E a gente faz papel de bobo na frente dos amigos. O que acontece? A gente termina o namoro imediatamente e passa a **odiar** a pessoa mais que tudo e jura que não quer vê-la na nossa frente nem pintada de ouro.

Eis a **polaridade** bem aí, na sua vida, na sua frente. Você transformou amor em ódio. E olha que você nem sabia que era um alquimista, "alquimista ao contrário". O objetivo do alquimista é transformar coisas comuns, brutas, sem valor, em coisas boas, raras e nobres.

Se aprendermos a real arte dos hermetistas, poderemos fazer a verdadeira alquimia, transformando nosso mundo. Temos que transformar nosso olhar. Ao entendermos que esse sentimento de amor/ódio é a mesma coisa (apenas recebe outro nome quando está vibrando no extremo oposto da escala), percebemos que todo o ódio pode ser transmutado em amor. Isso é alquimia.

Fica a dica: se você acha que odeia alguém, aprenda o exercício da transmutação mental que acabamos de descrever, coloque-se no lugar do outro, veja por outra perspectiva a questão que originou esse ódio. Assim, certamente você irá perceber que estava olhando apenas para sua verdade, esquecendo que existem outros 50% da verdade, a verdade do outro.

Nas eleições para presidente da República em 2018, no Brasil, a população experienciou um dos mais polarizados episódios políticos da história eleitoral deste país. Nunca se havia visto tão nitidamente o princípio da polaridade "em ação".

Foi uma eleição em que víamos famílias e amigos rompendo relações. Viu-se muito desrespeito, insultos entre pessoas conhecidas e desconhecidas. As pessoas estavam defendendo seu candidato com uma convicção cega, lutando com unhas e dentes para defender seu ponto de vista. Houve milhares de manifestações irracionais, eu diria até passionais, e o povo brasileiro perdeu a oportunidade de aprender a olhar sob a ótica do adversário, bem como de reconhecer que havia **pontos fortes e fracos em ambos os lados.**

Nenhum dos candidatos era livre de erros, de atos falhos, nem de virtudes e atos acertados nas suas trajetórias políticas. Apesar disso, a população se negava a entender a lei da polaridade, ninguém queria admitir que na realidade ambos eram a mesma coisa (representantes de suas plataformas políticas), só que estavam em extremidades opostas.

Não havia um bom e outro mau, e sim apenas dois representantes com ideias opostas.

O mundo da terceira dimensão é polarizado

Como este mundo é polarizado, nosso dever é ajudar a equilibrá-lo, colaborar com o Universo, que sempre tenta manter um padrão melhor.

Lembra-se do carnaval, aqueles dias de festas e extravagâncias? Logo depois vem o período da Quaresma, um tempo de 40 dias para o recolhimento. Para quê? Que simbologia podemos ver aí?

É a busca do equilíbrio, que vamos aprender mais tarde quando chegarmos à lei do pêndulo.

Nosso trabalho neste planeta é tentar viver em equilíbrio e colaborar para o equilíbrio no Universo, fazer a nossa parte, "ficar mais ao centro", encontrar nosso centro.

Saber, por exemplo, que quando sentimos medo podemos neutralizá-lo com a coragem. E o que é coragem? (*cor* = coração + *age* = agir); portanto, ter coragem é **agir com o coração**.

Quando ouço as expressões "fazer a nossa parte" e "agir com o coração", sempre me lembro de algo que escutei na Unipaz pela primeira vez e que me enche os olhos de lágrimas cada vez que a escuto: a parábola do beija-flor. Você a conhece? Não!? Vou compartilhá-la aqui.

Diz a lenda que havia uma imensa floresta onde viviam milhares de animais, aves e insetos... Certo dia, uma enorme coluna de fumaça foi avistada ao longe e, em pouco tempo, embaladas pelo vento, as chamas já eram visíveis por sobre as copas das árvores. Os animais, assustados diante da terrível ameaça de morrerem queimados, fugiam o mais rápido que podiam, exceto um pequeno beija-flor. Este passava zunindo como uma flecha indo veloz em direção ao foco do incêndio e dava um voo quase rasante por uma das labaredas, em seguida voltava ligeiro em direção a um pequeno lago que ficava no centro da floresta. Incansável em sua tarefa e bastante ligeiro, ele chamou a atenção de um elefante, que com suas orelhas imensas ouviu suas idas e vindas pelo caminho, e curioso para saber por que o pequenino não procurava também afastar-se do perigo como todos os outros animais, pediu-lhe gentilmente que o escutasse, ao que ele prontamente atendeu, pairando no ar a pequena distância do gigantesco curioso.

– Meu amiguinho, notei que tem voado várias vezes ao local do incêndio, não percebe o perigo que está correndo? Se retardar a sua fuga, talvez não haja mais tempo de salvar a si próprio! O que você está fazendo de tão importante?

– Tem razão, senhor elefante, há mesmo um grande perigo em meio àquelas chamas, mas acredito que se eu conseguir levar um pouco de água em cada voo que fizer do lago até lá, estarei **fazendo a minha parte** para evitar que nossa mãe floresta seja destruída.

Em menos de um segundo, o enorme animal marchou rapidamente atrás do beija-flor e, com sua vigorosa capacidade, acrescentou centenas de litros d'água às pequenas gotinhas que ele lançava sobre as chamas.

Notando o esforço dos dois, em meio ao vapor que subia vitorioso dentre alguns troncos carbonizados, outros animais lançaram-se ao lago, formando um imenso exército de combate ao fogo.

Quando a noite chegou, os animais da floresta, exaustos pela dura batalha e um pouco chamuscados pelas brasas e chamas que lhes fustigaram, sentaram-se sobre a relva que duramente protegeram e contemplaram um luar como nunca antes haviam notado (Autora: Wangari Maathai).

Pronto! Cá estou eu chorando novamente.

Faça a sua parte, transmute! Exercite, você é capaz, todos nós somos!

Lembre-se: tudo tem dois polos. Menos Apolo, é claro!

Apolo, na mitologia Grega, é o deus da verdade, da poesia, da harmonia, da perfeição e da cura, pode ser interpretado como o deus da Unidade, do centramento. Apolo representaria o fim da polaridade, mas ele não está neste mundo, sua perfeição é um arquétipo para nos espelharmos e quiçá um dia poder alcançá-la em algum plano.

A tarefa de casa será você aprender a fazer essa alquimia da transmutação. Transmutar o medo em coragem, tristeza em alegria, obscuridade em luz...

Exercício da 4ª lei: Polaridade

Escreva o nome de sete pessoas que você lembra cujas opiniões são inteiramente opostas às suas. Sabe aquelas pessoas que você nem gosta mais de conversar porque sabe que geralmente dá conflito? Escolha uma delas primeiro.

Traga-a mentalmente para diante de si, ouça atentamente o discurso dela sobre aquele assunto que vocês discordam. Visualize mentalmente esta cena: puxe o assunto e você a ouve em silêncio, atentamente, "desarmado", absorvendo cada frase até que ela conclua sua fala por si mesma, sem ser interrompida por você.

Ótimo! Parabéns! Isso é um grande sinal de evolução. Geralmente, a maioria de nós não tem desenvolvida a habilidade de escutar, estamos sempre esperando a pessoa acabar a sua fala para imediatamente retrucar.

Agora troque de lugar com ela (visualize a cena) e troque realmente de lugar agora, coloque-se literalmente no lugar dela, respire fundo, relaxe e passe a observar o fato em questão, mas por essa nova perspectiva, como se você fosse ela, como se levasse a vida dela, passasse por tudo que ela passou: seus traumas, complexos, medos; sinta como seria ser filho do pai dela, ter o trabalho que ela tem e suas obrigações, coloque as lentes dela nos seus olhos, vista mentalmente as roupas dela e tente perceber como é viver na casa dela com aquela família, como as pessoas a tratam e a veem.

Exercite a empatia, a capacidade de se colocar no lugar do outro. E agora se você já consegue se sentir como ela, tente voltar ao mesmo assunto e fale sobre aquilo como se fosse ela falando; deixe seu corpo perceber as sensações, ouça seu corpo agora, observe e sinta de verdade o que está sentindo.

Como se sente? Conseguiu entender por que ela tem tais opiniões e tais convicções? Tente fazer esse exercício com as outras pessoas, mentalmente.

Você vai perceber que nenhuma verdade é 100% verdadeira, sempre há outra versão que pode ser correta também. É certo que você aprenderá a ser mais tolerante, mais agradável, mais sábio e feliz. Comece a fazer este exercício na vida real.

Ao longo dos anos, se continuar desarmado, praticando esse exercício de empatia, esse dever de casa, perceberá que os conflitos não acontecerão com tanta frequência no seu trabalho, na sua família.

Os apegos, suas convicções se dissolverão, assim como o sofrimento. Por causa disso, será cada vez menor a falta de compreensão, e as injustiças, ofensas e ingratidão deixarão de ter sentido; assim se sentirá bem consigo e com os outros, você se sentirá mais pleno e encontrará a paz interior.

Você terá mais amigos, será mais solicitado e poderá até no futuro ser procurado para amenizar conflitos. Aos poucos, você vai se tornando um agente da paz, ensinando as pessoas a viverem em paz mesmo vivendo em um mundo dual.

Perceberá que a paz começa dentro de nós. "Não existe caminho para a paz, **a paz é o caminho**", afirmava Mahatma Gandhi.

É importante falarmos sobre a ofensa. Alguém já ofendeu você alguma vez? Sim? Quando?

Procure se lembrar exatamente do que a pessoa falou. Eu tenho que compartilhar mais este segredo: ela não ofendeu você, e sim foi você que se ofendeu com o que a pessoa falou.

Ninguém tem o poder de ofender ninguém. Quando uma pessoa chama você de feio, por exemplo, e você sabe que não é e não se **acha** feio, aquela informação **não vibra dentro de você**, não ressoa com sua verdade. Assim, você dá de ombro e sai tranquilo na sua vibração original e pensa: "Eu sou bonito, ela é que não deve estar vendo bem".

Agora, quando uma pessoa chama você de magro e o compara a um palito e você sabe que é mesmo, você se **acha** realmente magro e não está bem com essa "sua realidade", aquilo **ressoa dentro de você**, a informação vibra do mesmo jeito que você vibra. Então aquilo o irrita, ofende, magoa.

Percebe agora quem ofendeu quem?

Sim, nós é que nos ofendemos com o que o outro fala. Sabe por quê? O outro não tem esse poder. Esse "poder" é só seu. Gostaria de dividir aqui uma das lições que aprendi com a querida e saudosa Dulce Magalhães sobre **nosso maior inimigo** – vou usar o mesmo exemplo bobo que usei acima.

Você se magoou e se ofendeu com o que o fulano falou, ficou muito triste, seu corpo sentiu uma dor, o coração apertou e a boca ficou amarga, ficou tão abalado que não consegue esquecer-se daquela ofensa.

Como não esquece, cada vez que encontra com um amigo em comum você comenta: "Sabe o que o ciclano fez para mim? Não me conformo! Não esperava isso dele, nós éramos tão amigos!"

E assim, toda vez que encontra um amigo relembra essa história, toca no assunto, o coração fica apertado, o corpo sente a dor, a boca fica amarga novamente e outra vez... Então eu pergunto: **quantas vezes o ciclano falou aquilo** que o deixou tão triste? Apenas uma vez!

Quantas vezes **você reviveu aquilo?** Porque não se esquece, não é capaz de passar uma borracha e seguir em frente. Toda vez que relembra, seu corpo sofre novamente, não é?

Na verdade, ele falou **só uma vez** e esqueceu, nunca mais se lembrou disso, pois deve ter falado "da boca para fora". Talvez não tivesse a intenção de ofender você e, provavelmente, nem sabe que fez isso, por isso nunca pediu desculpas.

Quem é o seu maior inimigo? Ele que fez uma só vez e não sabe que fez ou você, que escolhe reviver a dor sempre que tem uma chance de tocar no assunto? Sinto lhe dizer, mas é você!

In Lak'Ech – Hala Ken

Na tradição Sapiencial Maia, existe um cumprimento mútuo que expressa o conceito de unidade. Ao se encontrarem diziam: *In lak'ech*, **que significa** (eu sou o outro você), e o outro responde dizendo: *Hala Ken* (você é o outro eu).

In Lak'Ech – Hala Ken

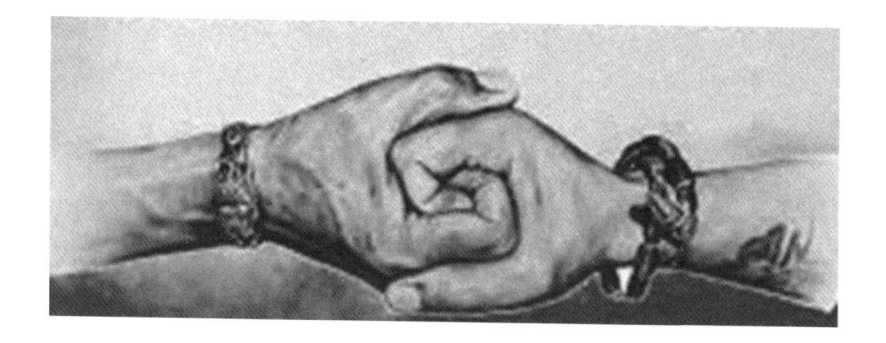

"IN LAK'ECH" – "Eu sou o outro tu",
"HALA KEN" – "Tu és outro eu".

11

5º Princípio: RITMO

"Tudo tem fluxo e refluxo, tudo tem suas marés, tudo sobe e desce, tudo se manifesta por oscilações compensadas; a medida do movimento à direita é a medida do movimento à esquerda, o ritmo é a compensação."

O Caibalion explica:

> Tudo flui, para fora e para dentro a oscilação pendular se manifesta em tudo, e o movimento será sempre proporcional: para a frente e para trás, para a direita e para a esquerda,

para dentro e para fora e para cima e para baixo. E ocorre em todos os planos, físico, mental e espiritual. Haverá sempre uma ação seguida por uma reação. Um avanço e uma retirada, um nascente e um poente. Isso se repetirá em Sóis, mundos, seres humanos, animais, plantas, minerais, forças, energia, mente e matéria. E assim é até mesmo no Espírito, tudo manifesta este princípio. Acontece na criação e destruição de mundos, no surgimento e na queda de nações, na história de vida de todas as coisas e, finalmente, nos estados mentais dos seres humanos.

Para o hinduísmo, simbolicamente, a manifestação do Espírito do Todo se dá "como a Respiração de Brahma", há um movimento na inspiração e um movimento oposto na expiração do Criador (uma absorção seguida de um derramamento, seguido de uma reabsorção).

Isso significa que a respiração do Criador seria algo que expandiria e depois retrairia o Universo. Isso se repete no mundo material, é só observar sua respiração, que se dá de forma igual.

Assim como Brahman, o homem também expira e doa gás carbônico ao ambiente; as plantas por sua vez o absorvem, alimentam-se dele para produzir o oxigênio, absorvendo também a luz se dá a fotossíntese e liberam o oxigênio que nós capturamos na próxima inspiração.

Existe essa troca cíclica de energia, em que sempre doamos e recebemos. Para sermos saudáveis, devemos praticar o doar, esvaziando-nos daquilo que nos serviu, para logo depois absorver aquilo que de novo o Universo nos doa.

Esse é o jeito correto e natural de se viver, respeitar os ciclos e entrar no fluxo do dar e receber. Não só o ar, mas também as coisas e as energias diversas.

Exercício de sensibilização da lei do ritmo

Tente expirar todo o ar que existir dentro dos seus pulmões, expire, expire, expire mais, expire, continue soltando o ar, continue, esvazie mais e mais, esprema sua barriga, encolha! Use o músculo do diafragma para expirar todo o ar que ainda restar. Você consegue mais? Pode continuar doando? Não!? O que aconteceria se você continuasse? Desmaiaria por falta de oxigênio nas suas células, no seu cérebro e morreria.

Agora vamos exercitar o receber. Inspire, inspire, inspire, encha os pulmões de ar. Inspire mais e mais, continue enchendo, com mais ar, estufe o peito, fique grande. Inspire, inspire mais. Faça o exercício do receber, continue inspirando... Você pode continuar inspirando? Não!? O que aconteceria se continuasse a inspirar sem parar, se fosse possível? O que aconteceria? Você desmaiaria por hiperoxigenação nas suas células e no cérebro e perderia a consciência.

O que você percebeu com esse exercício?

Que não é saudável, não é confortável nem natural viver apenas doando-se, nem viver apenas recebendo. Nenhuma pessoa estará equilibrada e harmonizada com a natureza se quiser viver em um desses extremos, pois no Universo inteiro tudo está em constante expandir e contrair, dar e receber, descer e subir, escurecer e clarear, esquentar e esfriar...

Esse princípio ensina que, mesmo que nos pareça imperceptível, tudo que existe está em movimento. Tudo que sobe, desce; tudo que se expande, se contrai. Observe seu coração, a diástole e a sístole, o mar e suas marés, o fluxo e o refluxo.

A lei do pêndulo nos faz olhar e compreender os altos e baixos da vida, a euforia e a depressão, os humores da mulher, a TPM influenciada pelos ciclos menstruais, disposição e apatia.

Essa lei nos faz lembrar que tudo tem seus ciclos, como as estações do ano, como o nascimento e a morte, como o dia e a noite, sempre haverá os momentos de expandir e sempre haverá os momentos de se recolher.

Em cada fase desses ciclos, o Universo espera de nós atitudes coerentes com a energia do momento. Assim como o verão é tempo propício para expandir e ir para o mundo mostrar quem você é, o inverno é tempo de se recolher, olhar para dentro, pensar em quem você quer ser, é tempo de economizar energia e se planejar.

Nas religiões mais antigas e matriarcais, esses ciclos eram contados, medidos, respeitados e celebrados a cada mudança de estação, fazia-se um tipo de celebração para marcá-la, para agradecer o tempo que se viveu e se preparar adequadamente para a nova estação, sabendo que o clima, a temperatura, a luminosidade e humidade seriam diferentes no próximo ciclo.

Dessa forma viviam nossos ancestrais e todos os povos antigos da Terra, conectados com o céu e o com o chão, em harmonia com a natureza.

Assim se tirava melhor proveito da terra, recebia-se na época da colheita e se doava na época do plantio.

Mais tarde, criamos um calendário artificial, não sincronizado com as estações do ano, nem com os ciclos lunares, nem com os demais eventos naturais. Esse novo calendário nos desconectou até mesmo do nosso relógio biológico, e isso resulta em doenças, visto que nosso biorritmo é desrespeitado e perdido.

Na Antiguidade, nossa vida era regida pela luz solar; sabíamos a hora certa de acordar, de trabalhar e dormir; respeitávamos o frio e o calor, a luz e a escuridão para as atividades propícias.

Hoje está tudo desregulado. Analise seu dia: que horas você acorda no verão e que horas você acorda no inverno, que horas faz suas necessidades fisiológicas? Que horas você começa a trabalhar? Você respeita seu corpo, o ritmo dele e da Terra ou você respeita apenas a sua agenda e o despertador? Você compreende que há todo um sistema no qual estamos inseridos e que é insalubre e contraproducente?

Para você está tudo bem acordar uma criança de 4 anos de idade às 5h30 da manhã no inverno, com o céu ainda escuro, e tirá-la da cama quente, vesti-la com pesadas roupas para que ela possa ir para a creche às 6h30? Não, queridos, isso não é natural, isso é mais um caso de "normose".

Para muitas pessoas, essas rotinas artificiais são um caos. Elas têm insônia, acordam assustadas com um despertador, saem apressadas, sem ir ao banheiro, precisam de remédio para fazer isso e para dormir, para acordar bem, remédios para o humor, para substituir a produção de hormônios que deveriam ser supridos naturalmente por nossas glândulas. Penso que boa parte desses e outros transtornos podemos atribuir à herança do calendário gregoriano criado por um papa chamado Gregório XIII, em 1582, na Europa.

Ressalto que não é só na natureza e no nosso corpo que os ciclos acontecem. Em empresas, na sociedade, na política, nas organizações, instituições, civilizações, em absolutamente tudo temos o nascimento, o crescimento, a decadência e o fim. Na história das civilizações, na política da humanidade e suas fases de altos e baixos evolutivos sempre acontece essa alternância.

Em 1970, Edward Dewey escreveu um livro chamado *Ciclos: as forças misteriosas que guiam os fatos*, em que estudou a influência do ritmo em diversos setores. Nessa obra, o autor diz que as forças dos ciclos podem ser utilizadas para prever os preços da bolsa de valores, as oscilações econômicas, variações climáticas, epidemias de gripe, períodos de agitação social, flutuação de preços e inflação, produção agrícola, fenômenos astronômicos, passagens de asteroides, cometas como o Halley, fenômenos climáticos como El Ninho, La Ninha, furacões, *tsunamis* e tudo mais.

Segundo o autor, tudo pode ser medido e previsto, portanto podemos utilizar essas estatísticas para tomada de decisões mais conscientes e assertivas. Saber a hora de investir, de comprar, de vender, de semear, de plantar, de curar, de recuperar, sabendo que tudo na vida passa por cada fase do seu respectivo ciclo ao seu tempo, nem antes, nem depois.

Esse tempo deve ser respeitado, o momento do semear ou plantar, o tempo do crescimento, da reprodução ou produção, da maturação, da decadência e o tempo de morrer, para que um novo ciclo se inicie.

Compartilho com você que tenho uma microempresa cujo objeto social é a produção e a comercialização de artigos litúrgicos, tendo como carro-chefe os paramentos maçônicos que produzimos. A lei do pêndulo regula a minha vida de empresária há mais de 20 anos no mesmo setor.

Para conseguir me manter com sucesso nesse nicho de mercado há tanto tempo, tenho de pensar e agir administrativa e gerencialmente de acordo com sua sazonalidade específica. Assim, planejo e tomo decisões obedecendo à sazonalidade do setor. A baixa temporada de vendas ocorre nos meses de dezembro (segunda quinzena), janeiro e fevereiro até o início de março, época em que aproveitamos para alimentar nossos estoques, comprando matéria-prima para produzir o produto. Contatamos todos os fornecedores, fazemos os pedidos, recebemos as mercadorias para colocar tudo na linha de produção em quantidade suficiente para que tenhamos todos os produtos prontos para atender aos clientes que voltarão do recesso em março.

Veja que praticamente no período citado não há receita (durante três meses), todavia é um período cheio de despesas extras. Para poder cumprir com todos os compromissos – salários e 13º salários de funcionários, IPTU e impostos, taxas e alvarás sanitário e de localizarão, compras à vista, que chegam sempre nessa época –, preciso me preparar financeiramente entre os meses de abril e novembro, fazendo aplicações, construindo uma reserva e um bom capital de giro. É essa "gordura" que vou "desbastando" e equilibrando em nosso caixa até que as vendas comecem a normalizar em abril.

No período de maio a outubro, nossa alta temporada, temos que ter a equipe de atendimento a postos e a confecção relativamente livre e preparada para pedidos personalizados e de última hora. É o período do ano em que pagamos todas as compras que conseguimos fazer parceladas.

Nossa vida na empresa é assim num ciclo anual, nossas médias não podem ser calculadas por períodos menores que 12 meses; nenhum mês é igual ao anterior, não podemos fazer as mesmas atividades do mês passado agora, por exemplo, pois as necessidades são outras.

Nós nos planejamos ano a ano, e se não tivéssemos essa visão do ciclo entraríamos em pânico em janeiro, ao ver que há tantas despesas justamente quando não há receita. Seríamos pegos desprevenidos.

Assim é tudo na vida e no Universo, para qualquer fenômeno haverá sempre uma oscilação rítmica de um polo ao outro. Cada qual com sua duração de ciclo específico.

Há ciclos de segundos, que são os medidos em Hertz; ciclos em minutos, em horas, diários, semanais, quinzenais, mensais, bimestrais, semestrais, anuais; há os septênios, os decanos e assim por diante. Existem os medidos em anos-luz, em eras, em éons, que é a maior subdivisão de tempo na escala de tempo geológico.

Como terapeuta, percebi que nem todos lidam bem com a "sazonalidade". Na vida dos meus clientes de consultório, detectei que em alguns casos há um certo descontrole, falta de previsão e de provisão e um desconforto quase generalizado.

O que eu mais ouço em consultório é: "Rovani, a minha vida é uma gangorra, uma hora eu estou por cima e penso que sou 'a rainha da cocada preta', sinto-me feliz e realizada, alegre saltitante, sou popular, convidada para todos os eventos, mas de uma hora para outra, quando percebo, estou sem nada, sem amigos, sem dinheiro, sem trabalho. O que acontece comigo?"

Essa é uma das lições que esse princípio nos ensina: **tudo passa**.

Então, queridas e queridos, não se apeguem a seus atuais estados, isso não vai durar para sempre. Depois da tempestade sempre vem a bonança.

Se você está na pior, se perdeu tudo, até seu prestígio e sua autoestima, não se desespere porque isso vai passar. Da mesma forma, se você é o destaque do momento, está na moda, em alta, cheio de dinheiro e amigos, não se apegue a essa situação, porque isso também vai passar.

Não ache que isso vai durar para sempre, não se apegue. Pelo contrário, **mantenha a humildade, cultive suas amizades mais puras**, mantenha o altruísmo, coloque-se sempre no lugar dos outros e haja com sabedoria, para não "torrar tudo que tem agora como se não houvesse amanhã", porque há.

Por outro lado, se você está aí na pior, coloque a mão na sua consciência e pergunte a ela (ou a si mesmo) o que você fez para ter atraído esses resultados, no que você estava pensando, como estava sentindo as coisas, como você agia e reagia diante de cada circunstância ou desafio.

Anote o que sua consciência soprou no seu ouvido e comece agora a **fazer diferente**!

Lembre-se: a maré vai subir, os ventos irão soprar a seu favor novamente, todas as possibilidades estarão disponíveis para você! Saiba que uma grande oportunidade pode estar prestes a passar na sua frente.

Por essa razão, preste atenção, porque se você estiver de cabeça baixa enterrada na areia, sentindo autopiedade, sentindo-se vítima, injustiçado, com certeza não perceberá a maré subir e a brisa soprar a seu favor.

Você entrará no ciclo vicioso, tendo pena de si mesmo, só reclamando das desgraças a todos, bastando que cheguem e perguntem como você está para ir começando a ladainha de lamentações e reclamações.

Esteja atento quando a oportunidade passar na sua frente. Para não estar tão ocupado com sua reclamação que não vai perceber nem conseguir sentir as mudanças e os sinais para tomar uma atitude e conquistar o que é seu.

Tudo é aprendizado! Uma experiência que parecia ser ruim ainda assim será sempre uma lição.

Aprenda qual foi essa lição para que ela não precise se repetir.

Pergunte três vezes a si mesmo a cada experiência:

- "O que é que eu tenho de aprender com isso?"
- "O que é que eu tenho de aprender com isso?"
- "O que é que eu tenho de aprender com isso?"

Aprendi isso com Elza, uma colega da Unipaz. Você pode tirar três respostas no mínimo (três aprendizados) de cada episódio da sua vida.

Porém, se você costuma sair deles sem aprender as lições, os mesmos ciclos irão se repetir com uma cara nova (disfarçados).

Se na maré baixa "seu barco" encalha na praia deserta e você acha que será seu fim, não desanime, tenha iniciativa!

Faça um exercício de autoanálise, veja o que fez de errado, o que aprendeu com o erro e prepare-se para um recomeço, agora mais forte e mais sábio. Veja o que poderia fazer diferente daqui em diante. Não se culpe, compreenda a situação e siga em frente. Ponha seu barco na posição certa, limpe o casco, retire as crostas que estavam impedindo o fluir da sua vida, fique mais atento, espere a maré encher, ice a vela, aproveitando o impulso do vento, e siga sua jornada! As portas se abrirão.

Naturalmente, pela lei do ritmo, os desvios tendem a se compensar. Quanto maior foi a queda, mais forte será o impulso para o alto, você ficará mais forte e preparado após a recuperação. Visualize um pêndulo.

Para que nos retiremos da brusca e desconfortável oscilação que há na ponta debaixo do pêndulo, devemos procurar um ponto mais acima e mais ao centro para nos posicionarmos.

O pêndulo nunca para, é impossível pará-lo. É desconfortável o balanço para quem vive na extremidade, mas perceba que é possível "subir", **elevar-se vibracionalmente** em direção ao cerne para encontrar um "lugar" mais acima e mais ao centro, onde há menos oscilação.

Conhecendo esse princípio, constatando que os movimentos são naturais, visíveis e **previsíveis**, você é convidado agora a descobrir formas de **compensar seus efeitos** em si, utilizando os métodos de **neutralização** e transmutação mental aprendidos no mentalismo.

Lembre-se: não se pode anular o movimento e o ritmo, mas é possível escapar dos seus efeitos sabendo usá-lo a seu favor, elevando vibracionalmente "oitavas" acima do plano ordinário e neutralizando seus efeitos com base no domínio do primeiro princípio, o mentalismo.

A lei do pêndulo nos instiga a descobrir as formas de compensar os efeitos do pêndulo, para neutralizar a oscilação e utilizar sua força compensatória a nosso favor. Quando você começar a viver em harmonia com o Universo e entender que tudo o que acontece é para o seu bem, começar a agradecer as "estratégias" que a vida utiliza para dar aquilo que você quer, mas não saberia sozinho como fazer, sua vida será infinitamente mais fácil e prazerosa.

Na nossa mente ordinária, muitas vezes as coisas parecem impossíveis, nossos sonhos parecem muito difíceis de serem realizados, nós nos sentimos pequenos, incapazes, impotentes e frustrados.

Olhamos, procuramos e não vislumbramos como aquilo poderia se manifestar, não enxergamos o caminho nem a saída.

Isso ocorre, primeiro, porque somos seres limitados e, principalmente, porque não aprendemos a confiar nos presentes que podemos receber. Achamos que temos de fazer tudo sozinho e temos de dar conta, em vez de saber que temos de **fazer a nossa** parte, aquilo que nos cabe fazer.

Temos crenças limitantes que nos impedem de nos permitir que seja fácil, "se for fácil, não tem valor". Parece que foram gravadas nas nossas células umas "verdades", como, por exemplo, de que "temos que sofrer agora para sermos felizes depois", que "não há recompensa sem sacrifício", ou que "não somos dignos de ganhar as coisas fáceis, que achamos boas demais".

Que programa é esse? Que "verdade" é essa que está gravada aí? É um vírus e precisamos deletar.

Você deve adquirir o programa antivírus, livrar-se disso definitivamente e aprender a reprogramar sua mente!

Essas coisas não acontecem só com você, todos nós seres humanos infelizmente passamos em algum momento de nossas vidas por isso. Cabe a nós estarmos atentos e termos bom senso para distinguir se aquilo que estamos querendo é utopia inatingível, se estamos sonhando alto demais ou se é algo perfeitamente possível de se realizar.

Aceite que para a mente do Todo nada é difícil, tudo pode ser providenciado. Tudo que foi pensado poderá ser materializado.

O problema é que dentro de nós acreditamos que não vai dar, que não tem jeito, que não vamos conseguir sozinhos...

E quem disse que você está sozinho?

Aceite a ajuda do Universo, que sabe tudo, e para quem tudo é fácil.

Olhe para seu lado!

Olhe para a natureza, olhe para seu corpo, tudo em funcionamento como uma orquestra!

Você acha que alguma coisa será difícil para "o Cara" que fez tudo isso?

Você não está sozinho!

Aceite ajuda.

Considere-se merecedor!

Depois, conte-me o que você ganhou.

Vou lhe dar um exemplo do que aconteceu comigo em 2019, quando estava numa frenética rotina de vida profissional. Viagens, cursos, vivências, congressos, pacientes, empresa, palestras, agenda lotada e sem tempo para mais nada, e eis que vem a lei do pêndulo: uma semana antes do *solstício de inverno* (perceba o simbolismo), chegando de uma vigem que fiz com a minha filha, em que fomos assistir ao espetáculo do Cirque du Soleil em São Paulo (isso era um sonho dela desde criança), caio e viro o tornozelo violentamente ao descer do ônibus, fraturando o calcanhar direito em três lugares.

Foram microfraturas, porém os médicos me proibiram de caminhar e pisar com esse pé por no mínimo 60 dias, sob pena de os ossos se desalinharem e soldarem em disformidade e eu ter de fazer cirurgia de reparação.

Após esse diagnóstico, fiz aquele exercício que ensinei a você agora há pouco:

- O que é que eu tenho de aprender com isso?
- O que é que eu tenho de aprender com isso?
- O que é que eu tenho de aprender com isso?

As respostas foram chegando. Você quer saber o que eu ouvi do meu Eu?

Resposta 1: "Olhe mais atentamente onde vai pisar".

Resposta 2: "Olhe para o caminho que você queria seguir, é o mesmo no qual está indo?"

Resposta 3: "Você **precisa parar** para pensar, recuperar o fôlego e seguir naquele seu caminho".

O pé quebrado e o repouso obrigatório de 60 dias me fizeram, é claro, pausar o excesso de atividades, desmarcar os pacientes do consultório (cujas escadas não poderia subir, pois fica no andar superior), adiar uma das viagens com o grupo para o Egito, cancelar as meditações e palestras no grupo de estudos... Enfim, teria de ficar mais em casa, o que me proporcionou o tempo necessário para...

Escrever este livro!

Viva! Eureka!

Veja, eu queria muito escrever este livro, estava com este "projeto engavetado" há quatro anos e parecia impossível "arrumar" desculpas ou justificativas para deixar todos aqueles compromissos assumidos em segundo plano.

Como dizer que não iria às reuniões de diretoria da Universidade, como desmarcar meus clientes do consultório, como não ir dar as aulas de yoga nas terças e quintas-feiras, como dizer não aos convites para ministrar palestras e vivências e como não ir às meditações da Fraternidade todas as segundas e sextas-feiras à noite? Impossível! Julgava a virginiana aqui.

O meu sonho assim estava sendo deixado de lado por causa do "piloto automático ligado" em marcha rápida.

Eis que então ganhei literalmente esse empurrãozinho do Universo e estou imensamente grata, pois agora pude abrir espaço na agenda para tratar deste livro que estava lá no mundo das ideias e não se materializava, pois eu não sentava para escrever. Eu não me dava esse direito.

Amado leitor, na maioria das vezes, não recebemos mais porque não estamos abertos a isso.

Como não enxergamos as possibilidades, deduzimos que elas não existem, mas isso não é verdade!

Há infinitas possibilidades sempre, nós é que não somos treinados a perceber os sinais e aceitar as bênçãos.

O primeiro passo para recebermos os presentes da vida é *deletar* a crença de que tudo precisa ser conseguido com muito esforço e sofrimento, com muito trabalho, sangue, suor e lágrimas.

Cuidado, isso é mais "um programa" autoexecutável nefasto, apague-o do seu subconsciente, do cérebro e da sua mente (apague agora da memória RAM, do disco rígido do seu processador e de todos os seus periféricos).

Ter um programa desses instalado aí é o mesmo que arrancar o carro sempre com o freio de mão puxado, o seu motor estará trabalhando forçadamente acima da sua capacidade, isso irá desgastá-lo.

Será mais difícil e demorado chegar onde você quer com esse programa instalado. Com ele rodando assim, é bem provável que você fique tão cansado que desista no meio do caminho e acabe escolhendo um objetivo mais fácil, um destino mais perto por causa dele. *Delete-o*!

Observe a oscilação das marés, quantas oportunidades e possibilidades existem entre um ciclo e outro. Os animais que vivem nesse ambiente não desperdiçam jamais a chance que lhes é dada para cada movimento, e sim aproveitam os momentos certos para fazer os movimentos necessários à sua sobrevivência.

Exercício da 5ª lei: Ritmo

Lembre-se de todas as vezes que se sentiu na pior, lá pra baixo mesmo. Pense o que você fez ou poderia ter feito para sair mais rápido daquela onda de baixo astral. O que poderia ter feito para aproveitar aquele momento como uma oportunidade, para refletir e usar sua criatividade para dar a volta por cima.

Ex.: crise econômica, sua empresa não vai bem.	Aos 46 anos	Poderia ter aproveitado o tempo livre por causa do baixo movimento para fazer aquele curso de *design on-line* e criado outros produtos inovadores e lançá-los.
Ex.: levou um fora da namorada.	Aos 15 anos	Poderia ter feito um intercâmbio no exterior para conhecer outras pessoas e aprender um idioma, e não ficar meio ano curtindo a fossa.

Quais crenças limitantes você adquiriu sem perceber e em qual ciclo de sua vida isso foi gravado como verdade em sua mente? Por exemplo, você aprendeu muito cedo que quem é rico não vai para o céu, pois sua avó disse (aos 6 anos de idade) que está escrito em um livro importante que é mais fácil um camelo passar pelo buraco de uma agulha do que um rico adentrar o reino dos céus.

Crença limitante	Época da vida (idade)
Ex.: Rico não vai para o céu. Quero ir para o céu, logo não posso ser rico.	Aos 6 anos de idade.

Para cada uma das crenças, você criará uma **afirmação contrária** a ela (um antídoto) ou o programa antivírus. Você repetirá cada antídoto em voz alta por sete (7) vezes durante sete (7) dias.

Obs.: É proibido usar a palavra "não". Utilize frases afirmativas e no presente.

> Ex.: Rico vai para o céu, sim. E eu também vou! Serei rico e irei para o céu também! Assim é.
>
> ....
> ....
> ....
> ....

12

6º Princípio:
CAUSA E EFEITO

"Toda causa tem seu efeito, todo o efeito tem sua causa; tudo acontece de acordo com a lei; o acaso não existe; há muitos planos de causalidade, porém nada escapa à lei."

Isaac Newton, cientista inglês nascido em 1642, dedicou-se a estudos que contemplaram principalmente a Física e a Mecânica Clássicas, mas também Astronomia, Química, Alquimia, Matemática e Teologia. Criou as leis de Newton:

1ª Lei da Inércia.

2ª Lei da Dinâmica.

3ª Lei de Causa e Efeito.

Em 1666, ele também escreveu a Teoria da Gravidade, que, por sua vez, tem a ver com a Lei da Atração ou vibração e aborda sobre o magnetismo, a força entre os corpos materiais, que é responsável pela organização dos elementos naturais, inclusive do sistema solar, que mantém a Terra e outros planetas em suas órbitas em torno do Sol. São leis inspiradas nos princípios herméticos. Essas leis tornaram-se aceitas pela comunidade científica no século XVIII como as famosas leis da mecânica, numa época em que a ciência não estava muito adiantada, não era capaz de estudar e comprovar cientificamente o campo quântico (tudo que acontece a nível atômico e subatômico, tão explorado na atualidade).

O livro *Caibalion* (1908) afirma que o princípio da

> causalidade impera em Todo o Universo e que nada ocorre por acaso. Os fenômenos universais são sempre contínuos e não sofrem interrupções. Esse princípio embasa o pensamento científico antigo e moderno e foi anunciado por instrutores de hermetismo no início da civilização. É visto e aceito por todos os pensadores que há uma continuidade inquestionável entre todos os eventos da natureza no passado, presente e futuro e nada escapa ao movimento ordenado e cadenciado do Universo. Nada jamais ocorre sem uma causa, ou antes, um encadeamento de causas. E supor que o acaso existisse tornaria todas as leis naturais ineficazes e o Universo seria um caos.

O livro nos fala que nem a caída dos dados quando jogados à mesa de jogo caem ao acaso, eles estarão sempre seguindo uma lei infalível da física que não pode ser percebida pela mente. A posição dos dados na mesa, a energia usada no arremesso, a condição do tabuleiro e muitas outras variáveis são causas das quais só percebemos o efeito.

Um evento é aquilo que surge ou acontece como resultado de algum evento anterior. Cada um deles é um elo na grande corrente de eventos ordenados fluindo eternamente da energia criativa do Todo.

Há uma continuidade entre todos os eventos do passado, do presente e do futuro. Há uma relação entre tudo que já passou, tudo que se passa agora e tudo que passará. Nada é aleatório. Há uma causa para todos os efeitos, nada que tenha acontecido se deu sem uma causa.

Quando não conhecemos ou percebemos a causa, geralmente chamamos erroneamente de acaso.

Essa é uma tendência que temos, se algo é desconhecido, se nunca vimos nem ouvimos, deduzimos que tal coisa não existe, mas em vez disso poderíamos admitir apenas que se trata de uma causa ainda não conhecida por nós.

Quando não conhecemos a causa, significa que provavelmente ela vem de outros planos distantes da nossa percepção atual, que ainda não temos acesso.

Segundo *O Caibalion*, os estudantes conhecedores dessas leis (das regras do jogo) se elevam acima do plano material da vida. Ao entrarem em contato com seus próprios saberes, conseguem dominar seus humores, construir suas personalidades, desenvolver qualidades e identificar suas polaridades.

Vivendo mais conscientes do ambiente, aprendem a se tornar causas em suas próprias vidas, e não efeitos (jogadores em vez de peões), diferentemente da maioria da população, que é carregada para lá e para cá seguindo as vontades de seres mais poderosos e mentalmente dominantes.

Os conhecedores da lei não escapam da causalidade dos planos superiores e ainda compreendem e aceitam as leis elevadas, bem como dominam as circunstâncias do plano inferior. Tornam-se conscientes da lei, e não mais instrumentos cegos.

Ainda criança bem pequena ouvia minha mãe falando com pessoas conhecidas que a paravam na rua para pedir conselhos e conversar. Ela é uma pessoa muito popular, professora querida pelas mães de seus alunos e colegas da escola. Morávamos numa pequena cidade. E nas cidades pequenas, todos se conhecem.

Era comum ouvir minha mãe falar para essas pessoas: "Querida, a Lei do Retorno é a mais certa que há. Ela não falha! Fica tranquila, aqui se faz, aqui se paga. Se fulana fez tal coisa a você, isso voltará a ela".

Essas palavras ficaram gravadas no meu consciente e no inconsciente de um jeito que eu sempre tive essa clareza, que tudo que vem a nós é por causa do que fizemos em algum momento anterior. Obrigada, mãe!

É simples assim. A Lei de Causa e Efeito nos lembra que o que você plantar hoje vai colher amanhã. O que está colhendo agora é aquilo que você plantou no passado. Às vezes, nem lembramos que "plantamos algo", mas o Universo é sábio e tem um registro infinito, um banco de dados que daria inveja a qualquer megaempresário da informação, informática e da tecnologia da inteligência.

O banco de dados dos nossos registros akáshicos é gigantesco, nada passa despercebido, tudo fica registrado. Se você fez uma "poupança divina", você colherá o que merece.

Ressalto que isso não tem relação com Deus ser bom (Ele é), mas, sim, por você ser bom. Sua recompensa virá se você foi sua melhor versão de humano e fez tudo o que pôde e que estava ao seu alcance, então agora está aí onde está, colhendo os frutos do seu trabalho.

Pode existir aquela outra pessoa que não fez nada de bom para si, nem para os seus, nem para os outros e pensar: "Como pode essa pessoa ter tanto, mas não pensar em mim? Ela não enxerga as necessidades alheias, não doa um pouco do que tem, não percebe que eu preciso daquilo que ela tem sobrando?" O famoso sentimento de injustiça, de ingratidão que habita nossas mentes.

Não nos esqueçamos do merecimento. Será que ela fez sua parte para ter o que quer? Ou será que estava de braços cruzados só esperando? Nada acontece por acaso, pois este não existe. Precisamos ter feito a nossa parte antes.

Eu sei que acontecem coisas absurdas na sua vida, algumas coisas ruins que fazem você pensar que não merecia e que só pode ser o "azar". Sei que também acontecem coisas muito boas, completamente inesperadas, boas surpresas que você simplesmente aceita e agradece pela "sorte" que tem, não é assim?

Então, deixe-me lhe contar que sorte e azar não existem.

Às vezes são coisas sem sentido, que de repente acontecem e que não valeria a pena investigar a causa. Você ficaria louco só de ter de procurar até encontrá-la. Eu entendo que você não precisa descobrir uma a uma todas as causas do que acontece na sua vida para justificá-las, nem estou pedindo para pensar e se esforçar tanto.

Algumas causas vêm de uma cadeia de causas, ou seja, uma causa que gerou um efeito que foi a causa de um outro efeito e assim por diante, entende?

A origem pode estar realmente fora do alcance da nossa capacidade de ver ou perceber, mas a causa existe, isso é fato. Pode ter certeza, sempre haverá uma ou mais.

No meu caso, faço escolhas a cada acontecimento que se dá na minha vida. Escolho o que fazer, escolho o que pensar, para poder escolher o que sentir em relação àquilo (ao efeito).

Por vezes, eu reflito um pouco e percebo qual foi a causa. Às vezes, quando não consigo compreender as causas, rezo ou medito para que venha uma intuição ou um entendimento. E mesmo assim, quando a resposta não vem, eu escolho uma.

Eu digo assim: "OK, neste momento não sei para que isso aconteceu na minha vida, mas em breve saberei. Tudo que sei hoje é que foi para o meu bem, pois certamente irei aprender algo com isso".

Falo isso mesmo que seja uma doença ou um acidente. Eu tenho a clareza de que a doença se estabeleceu por algum motivo, provavelmente não cuidei bem da minha alimentação, das minhas horas de sono, ou me expus demais ao frio e ao vento.

Ou seja, fiz uma escolha anterior que gerou aquela doença. E se sofri um acidente e houve uma avaria qualquer no meu carro, eu entendo que o acidente é a vida me mandando um recado: devo ser mais prudente ao dirigir, que dirija menos ou com mais assiduidade para não perder a prática.

É isso, querido leitor, temos sempre opções de escolha. Prefiro pensar que é para aprender e melhorar a pensar que é um castigo, o que me fará me sentir mal.

Conhecendo o poder mental que temos e o quão grande é nosso poder de manifestar coisas a partir do nosso pensamento, acho mais prudente e inteligente pensar assim do que acreditar em castigo ou azar.

A vida é uma sequência infindável de escolhas; portanto, cada vez que fizermos uma escolha estaremos abrindo mão de alguma coisa. Eu escolho pensar que o Universo é meu amigo e que sempre tudo que acontece comigo é para o meu bem maior. E assim é.

Sabe o que é o acaso? Acaso é um apelido que damos para uma causa que não conhecemos ou até que não lembramos.

Essa lei é aquilo que algumas escolas chamam de carma e darma. Mudar a lei do carma é impossível, mas é possível não produzir carma negativo.

Há algumas escolas que dizem que é possível transmutar o carma negativo adquirido com a prática de uma má ação **praticando muitas ações positivas no sentido oposto à primeira**, para assim transformar em darma (que seria uma espécie de carma positivo).

Veja: nós não temos poder para mudar as consequências, mas temos poder para mudar as causas.

Ouvi em uma das palestras da Escola de Filosofia Nova Acrópole frases emblemáticas que sintetizam esse princípio. Acredito serem da autoria de Helena Petrovna Blavatsky:

Não adianta pedir a Deus para que o poupe das consequências cujas causas você já gerou.

Nem deuses nem Deus tem poder contra o carma, agora o mais simples dos seres pode mudar as causas, facilmente.

Não há advogados hábeis o suficiente para nos livrar destas leis.

No campo das causas, todos nós temos poder, no campo das consequências, não mais.

Para quem leu a Bíblia encontrou lá: "a semeadura é livre, porém a colheita é obrigatória".

Albert Einstein complementa: "Dadas as mesmas causas, os mesmos resultados virão".

Exercício da 6ª lei: Causa e Efeito

Vamos brincar agora de escolher o final feliz sempre para todas as histórias, quer sejamos nós os protagonistas ou outra pessoa qualquer. Existe uma divertida liberdade do pensar que temos ao desconhecer as causas e os fins de cada ocorrência presente.

Quer saber como é a brincadeira? De agora em diante você irá sempre escolher o lado bom e "escrever" a história na sua mente dessa maneira.

Se seu filho saiu de casa para uma festa e disse que voltaria até as 23 horas, mas já é 1h30 da madrugada. No padrão passado (antes de conhecer as leis), como você agiria? Ficaria desesperado, imaginando que ele foi raptado e não pode se comunicar com você porque roubaram seu celular. Nesse momento, ele pode estar amarrado e sendo espancado. Ou você pensava que ele bateu o carro, provavelmente está no hospital todo quebrado e/ou até no necrotério.

Você continua criando as histórias na sua cabeça, vai na cozinha pegar um copo de água para tentar se acalmar e deixa cair o copo, quebrando-o e fazendo um barulho agudo e estridente, acordando de susto os outros familiares que moram com você, que correm desesperados para saber o que está acontecendo. Ao juntar os cacos, você mais trêmulo ainda se corta, e o sangue suja o piso branco da cozinha, no mesmo instante em que todos chegam e veem que você está realmente ferido e pensam no que pode ter acontecido de tão grave. Um mais exaltado procura pelo telefone para ligar para a polícia ou ambulância.

Você deve conhecer alguém que pensa e age sempre dessa maneira.

O exercício consiste em: daqui para frente, você irá aprender a construir as histórias mentais do bem!

Agora que conhece as leis. Se seu filho saiu de casa e disse que voltaria até as 23 horas, mas já é 1h30 da madrugada. Você pensa: "Que legal que deve estar a festa! Deve estar tão divertida que ele nem viu o tempo passar, provavelmente chegou aquele amigo que estava há um ano sem vê-lo, pois estava fazendo intercâmbio no exterior. Imagino quantas novidades eles têm para conversar, deve ter sido uma experiência riquíssima, e ele está contando tudo como é naquele país, sua cultura, seus costumes, os namoros, o idioma". Assim, você passa uma mensagem para o celular dele apenas para se certificar, e ele responde: "Oi, já estou indo!"

Você entende que o estresse que você sentiu na primeira história e todas as consequências seguintes derivaram da sua escolha? A realidade do seu filho era uma que não dependia da sua decisão, mas sua realidade era outra e dependia única e exclusivamente da sua decisão, da sua escolha.

Querido leitor, seja seu amigo, daqui para a frente, se ajude! Não faça mais assim, não se prejudique tanto. **Escolha a história do bem!** Sempre!

Você pode pensar: "Ah, Rovani! Eu estarei sendo inconsequente se começar a pintar o mundo de cor-de-rosa e fingir que as coisas ruins não acontecem". Querido, eu não disse isso. Você vai tomar as precauções necessárias e as providências que precisar para diminuir riscos. Poderá ligar para seu filho caso ele não responda à mensagem, mas só para saber se ele precisa de algo e perguntar se está tudo bem, visto que o horário combinado não foi cumprido.

No entanto, não se torture assim e não torture sua família e seus conhecidos, deixe de cultivar a ansiedade em você.

Aprenda a confiar mais e entregar à Mente do Todo aquelas coisas que estão fora da sua alçada. Como diria Epicteto, o escravo que virou filósofo: "Peça sabedoria para saber distinguir o que você pode mudar das coisas que você não pode mudar".

Para que você quer tanto ter tudo sob seu controle? Para se estressar mais? Para aterrorizar quem vive perto de você? Pois é exatamente isso que está fazendo. Solte um pouco as rédeas do controle. Use esse método para tudo. Use sem moderação. Esse remédio não tem efeitos colaterais.

Vamos ver mais um exemplo:

Se você está num trânsito caótico e leva uma fechada brusca de outro motorista. Ao invés de ficar bravo e chamá-lo de mal-educado, abrir o vidro e perguntar se ele tirou a CNH por telefone, prefira construir a sua história feliz! Você pensa num milésimo de segundo: "O outro motorista está com muita pressa, pois sua esposa está na maternidade agora e dará à luz uma linda criança". Abençoe mentalmente a família do motorista, abra o vidro e acene dando passagem, com um sorriso gentil. Pronto! Está tudo certo! Está tudo bem! A história é sua! E você está em paz! Ninguém estragou seu dia, ninguém é culpado de nada. Não aconteceu nada demais! Continue seu dia, sua vida feliz e contente.

Aprendi esse método com o professor Sidnei Soares, na Unipaz, durante o seminário *A arte de viver o conflito*, criado por Pierre Weil. São tantos mestres na minha vida que não conseguirei citar todos, mas quero que saibam que os reverencio sempre com muita gratidão.

A lição é esta: você escolhe viver em paz ou numa luta diária, matando "um leão por dia" e se achando o herói por viver no estresse. Dessa forma, produzirá doenças no seu corpo por causa da tensão, do estresse e da raiva que sente do outro, ou melhor, que projetou no outro. Ele é o espelho.

Querido leitor, é fácil ser saudável e feliz. Basta se comportar como uma pessoa saudável e feliz. Você acha isso uma besteira? Não acredita em mim? Acha que sou simplista? Pois bem, não precisa acreditar. Faça o teste: viva 21 dias apenas criando histórias felizes.

Adquira esse hábito. O 21 é o número perfeito de dias necessários para estar praticando algo "novo", repetindo todos os dias, se quiser adquirir qualquer hábito.

Não acredite em mim, faça o teste e depois me conte se sua vida melhorou e o quanto melhorou.

13

7º Princípio: GÊNERO

"O gênero está em tudo; tudo tem seu princípio feminino e masculino; o gênero se manifesta em todos os planos."

Na obra intitulada *O Caibalion*, escrita em 1908 de autoria anônima, lemos que o gênero existe e opera em todos os planos: físico, mental e espiritual.

Sem esse princípio não seria possível gerar, regenerar nem criar.

A palavra "gênero" deriva da raiz latina e significa procriar, gerar, criar e produzir.

Tudo que existe e todos os seres vivos trazem em si os dois princípios.

Encontramos essa manifestação desde os íons e elétrons que constituem a base da matéria orgânica e inorgânica formando o átomo. Os íons são o princípio feminino, e os elétrons são o princípio masculino em nível atômico ou quântico; veem-se vários corpúsculos negativos girando ao redor de um positivo para criar ou gerar o átomo.

Sabemos que corpúsculos negativos são reconhecidos pela ciência como femininos, enquanto que os positivos são chamados de masculinos.

Eles são responsáveis pelo fenômeno de atração e repulsão, assim como pelo fenômeno da afinidade e coesão estudados pela química; tais comportamentos são análogos ao comportamento entre machos e fêmeas e são pesquisados em meios orgânicos, inorgânicos e inclusive em cristais.

Quando um corpúsculo feminino se une a um masculino, as partículas femininas vibram freneticamente sob a influência da energia masculina e giram ao seu redor. O resultado é o nascimento de um novo átomo. O processo de destacamento ou separação de elétrons femininos é chamado de "ionização".

O polo negativo é considerado o princípio materno nos princípios elétricos e nas formas sutis da matéria, em que os íons femininos são os trabalhadores mais ativos e produzem fenômenos como luz, calor, eletricidade, magnetismo, da atração, da repulsão e das afinidades químicas.

Já o polo positivo é o paterno, que por sua vez dirige certa energia inerente de si ao princípio feminino para acionar e pôr em atividade o processo criativo.

No mundo químico, o padrão se repete, mas o princípio feminino é sempre o único que faz a ativa obra criadora.

Ainda segundo o livro *O Caibalion*, esse princípio contém a solução de muitos mistérios: é a geração no plano físico, regeneração no plano mental e criação no plano espiritual.

A geração de uma ideia é a formação do gérmen dessa ideia; regeneração é o aperfeiçoamento e o crescimento dessa ideia, e a criação é a realização completa da ideia.

Nós comumente falamos no dia a dia da paternidade de Deus e da maternidade da Natureza.

O que isso significa? Saibamos, o Pai projeta sua vontade sobre a Mãe Universal, que então inicia o processo de evolução de cujo ventre nascem todas as coisas, é o dual processo da criação segundo as Leis da Natureza.

Os hermetistas, porém, nos ensinam que todo ser masculino contém uma pequena porção do elemento feminino, e todo ser feminino contém uma pequena porção do elemento masculino.

O hermetismo esclarece que na nossa mente há aspectos mentais masculinos (*Yang*) e femininos (*Yin*), cada um com suas funções específicas.

Com nossa mente feminina, somos aptos a receber e acolher impressões, e com a mente masculina, estamos aptos a dá-las ou expressá-las.

Mais tarde, Carl Gustav Jung, que desenvolveu a psicologia analítica, traduziu esse princípio com suas próprias palavras.

Animus é a porção masculina na mulher e está associado à vontade, às metas, manifestando-se em ideias, opiniões racionais e leis. É símbolo de proteção, garantia e tradição; é a expressão do espírito da ciência e da consciência no sentido de conhecimento.

Anima é a porção feminina no homem, é o acesso ao inconsciente que percebe os significados dos símbolos. É o acesso ao invisível, o aspecto sombrio, a lua, causadora de caprichos ilógicos, opiniões intensas, simboliza a terra, a mãe, a amante, o órgão receptivo, a energia determinante que atua desde as profundezas, é o vazio e o veículo.

Sim, sim e sim, tudo é feminino e masculino, até Deus! Ele é Pai-Mãe, não há a menor possibilidade de se manifestar algo no mundo material sem que haja a participação do masculino e do feminino. Um homem não faz um filho sem uma mulher, e esta também não faz sozinha. Não tem jeito de ser diferente aqui neste mundo.

Já nos planos superiores e mais sutis, os gêneros masculino e feminino estão contidos em um só ser. Por essa razão, ouvimos dizer que os anjos não têm sexo. Nos planos e nas hierarquias superiores, "no mundo de cima", esses seres são completos.

Cada ser tem em si as duas polaridades equivalentes e equilibradas, e assim eles "criam", diferentemente de nós do reino hominal e animal, que precisamos de um outro ser da polaridade oposta à nossa para procriar. No reino animal e vegetal, existem casos raros de espécies hermafroditas, que são completos em si mesmos.

Então, queridos, esse papo de que Deus é Pai está no mínimo incompleto. Nada nem ninguém faz um filho sozinho sem uma mãe, muito menos um monte de filhos como é a humanidade.

Assim é que funciona tudo no mundo material. Se você quer criar algo aqui na Terra, saiba que além do pensamento, da emoção e da ação (que vimos no primeiro princípio, o do mentalismo), você vai precisar usar esses dois lados seus, seu lado *Yang* e seu lado *Yin*.

Seu *Yang* é a iniciativa, a ação, o impulso para começar. Já seu *Yin* é quem vai fazer a coisa acontecer. Você vai precisar dele para gerar, gestar, nutrir, proteger, alimentar e cuidar desse projeto, com seu lado mãe, sua polaridade *Yin*.

Saliento que não há outra forma de criar e manter vivo e próspero qualquer coisa, um ser ou um projeto, se você não empregar aí suas duas forças. Entendido?

Vou dar um exemplo: você conhece aquelas pessoas que têm ideias lindas, iniciativa para fazer e acontecer, mas são os famosos "fogo de palha", iniciam e não têm paciência para terminar ou dar continuidade a seus projetos e criações? Essas pessoas são predominantemente *yang*, tem a polaridade masculina necessária para começar as coisas, todavia não têm o lado feminino necessário para dar continuidade e fazer crescer e prosperar.

Se você é desses, precisará aflorar mais seu lado feminino e cultivar a receptividade, o cuidado com os detalhes, a delicadeza, a gentileza, a paciência.

Quando não estamos conseguindo prosperar, dar continuidade e crescimento aos nossos projetos de vida, devemos investigar melhor nossa psique. Lembre-se que todo homem tem dentro de si o *anima*, que é a energia feminina de sua alma, bem como toda mulher tem dentro de si o *animus*, que é a energia masculina de nossa alma, e isso deve ser equilibrado.

Reforçando: segundo estudiosos da psique humana, *anima* seria a personificação das tendências psicológicas femininas no homem, humores e sentimentos instáveis, intuições proféticas, receptividade, capacidade de amar e sensibilidade. Enquanto que *animus* seria na mulher os aspectos masculinos da iniciativa, da coragem, da honestidade, objetividade e intensidade espiritual em relação à vida. Ambos são necessários e devem ser cultivados para o nosso aprimoramento.

Por que seria tão importante ter esses princípios em equilíbrio?

Para sermos pessoas mais autossuficientes, independentes e capazes de construir nossas vidas com tudo o que precisamos e queremos.

As pessoas que são predominantemente *Yin* geralmente têm pouca iniciativa, são muito receptivas e esperam sempre receber, seja o sustento, seja o dinheiro ou a segurança, e tem dificuldade em arregaçar as mangas e dar o primeiro passo em direção a sua autonomia. São pessoas que geralmente esperam que o outro tenha essa iniciativa.

Já as pessoas que são predominantemente *Yang* têm dificuldade em receber, sentem-se na obrigação de ser os provedores sempre em todas as relações, e quando isso não acontece, sentem-se fracassados ou inúteis. Geralmente não pedem ajuda e sofrem sozinhos.

É importante lembrar que ambos, *Yin* e *Yang*, são necessários e devem ser cultivados para o nosso aprimoramento.

Exercício da 7ª lei: Gênero

Para seu autoconhecimento, você será convidado a fazer uma averiguação em si mesmo e perceber qual é a força predominante em você, para ver se há uma polaridade muito exacerbada e outra muito enfraquecida, assim como saber qual energia está em falta e qual energia está em alta em você.

Faça uma lista de todas as coisas que você pensou em fazer, chegou a iniciar, mas não conseguiu ir até o final; por exemplo, academia, curso de inglês, blusa de tricô, pós-graduação, arrumação no guarda-roupa, etc. Para todos esses projetos que você não conseguiu terminar irá precisar ativar o seu lado *Yin*, utilizar seu lado cuidador, perseverante, paciente, sua polaridade feminina. Lembre-se de que você pode desenvolvê-la.

Agora faça uma lista de todas as coisas que você apenas pensou que seria bom se fizesse, mas nunca teve impulso necessário para começar. Falta iniciativa, ação, audácia, fogo da sua polaridade masculina. Desenvolva-a também.

Nesse terceiro passo, veja o tamanho das duas listas, qual é a maior? Observe qual lista você preencheu com mais facilidade e rapidez. Agora que você consegue perceber qual das duas polaridades está enfraquecida em você, dedique-se mais para estimulá-la e aprimorá-la. Independentemente de você ser homem ou mulher, trabalhe para equilibrar as polaridades em você em qualquer um dos casos abaixo:

- Tipo 1) mulher muito *Yin*.
- Tipo 2) mulher muito *Yang*.
- Tipo 3) homem muito *Yang*.
- Tipo 4) homem muito *Yin*.

Vou dar dois exemplos: você pode ser uma mulher muito *Yin* (características psíquicas e energéticas muito femininas em excesso), não sabe que pode ter certa autonomia, não se sente capaz de agir mais para construir sua própria vida; em vez disso, espera encontrar um príncipe encantado perfeito e provedor. Quando isso não ocorre, pode acontecer duas coisas: ou parte para a conquista do par perfeito a "qualquer custo", desrespeitando valores e apelando para todas as armas que tem, ou desiste disso também, fica com baixa autoestima, entra em depressão, sentindo-se incapaz de ser feliz por não ter um "par perfeito".

Você pode ser uma mulher muito *Yang*, que toma sempre a iniciativa, todas as decisões do casal, julga que o parceiro é fraco, inútil ou incapaz. Essa mulher trabalha demais para provar que dá conta de tudo, traz o dinheiro para dentro de casa e não deixa o marido se posicionar nem tomar atitudes. Geralmente, há uma relação de mando e dependência, pois ela não cede, não aceita a troca nem aceita receber, pois criou dentro de si a certeza de que o parceiro não consegue ser forte.

Amiga, sabe por que ele "é" assim? Porque você o sufoca, não dá chance pra ele crescer como homem, pois você é o homem da casa. E como o Universo é perfeito, busca sempre o equilíbrio, não haverá dois *Yangs* na mesma casa.

Entre em harmonia; se você decidiu ser o *Yang*, permita que ele seja o *Yin* da relação. E não o critique mais. A escolha foi sua. Ele apenas está ocupando o espaço que sobrou para ser ocupado. Está tudo certo ser assim.

O que não está certo é ficar diminuindo o outro, menosprezando e desvalorizando o outro. Numa relação sempre deve haver a troca, o dar e receber além do respeito às individualidades, para depois haver a cumplicidade, o amor e a harmonia.

Seguem algumas sugestões de exercícios e práticas simples para desenvolver mais o seu lado *Yin* e/ou *Yang* de acordo com seu autodiagnóstico:

Para ativar o *Yin*, sua polaridade feminina	(Para ativar o *Yang*, sua polaridade masculina
Faça exercícios que estimulem o hemisfério direito do cérebro, que por sua vez controla seu lado esquerdo do corpo.	Faça exercícios que estimulem seu hemisfério esquerdo do cérebro, que controla seu lado direito do corpo.
Pranayamas – respiratórios com as narinas alternadas (para seu equilíbrio – focar e ativar a narina esquerda)	*Pranayamas* – respiratórios com as narinas alternadas (para seu equilíbrio – focar e ativar a narina direita)
Honra a pai, mãe e ancestrais	Honra a pai, mãe e ancestrais
Estudar arte – pintura – mandalas	Estudar linguística e comunicação
Desenho com o lado direito do cérebro	Treinar sua capacidade de síntese
Contemplar a natureza	Treinar lógica e raciocínio
Meditação	Pensamento linear
Fazer silêncio	Estudar idiomas
Ouvir a intuição	Fazer curso de oratória
Fazer dança ou expressão corporal	Trabalhar com gráficos e quantidades
Ouvir as sensações do corpo	Jogos de quebra-cabeça
Ler o livro *She*, de Robert A. Johnson	Ler o livro *He*, de Robert A. Johnson
Harmonização com sua mãe, avó, babá, patroa, chefe, professoras e todas as pessoas que representam a autoridade feminina na sua vida. Faça as pazes com elas! Peça perdão e perdoe, liberte-se delas e liberte-as das amarras entre vocês. Diga mentalmente ou escreva que você ama, respeita e honra seu útero gerador e sua existência.	Harmonização com seu pai, avô, tutor, patrão, chefe, professores e todas as pessoas que representam o masculino na sua vida. Faça as pazes com eles! Peça perdão e perdoe, liberte-se deles e liberte-os das amarras entre vocês. Diga mentalmente ou escreva que você ama, respeita e honra suas sementes, energia e sua existência.

Você está percebendo que este livro também é um manual de autoconhecimento?

Observe que a honra a pai, mãe e ancestrais são imprescindíveis para quem quiser se "dar bem" na vida, principalmente no aspecto financeiro. Aprendi isso num curso de Deeksha e vou compartilhar aqui como foi que o professor explicou.

Se você tem problemas financeiros, não consegue sentir-se rico ou sempre que consegue uma boa quantia de dinheiro a perde de forma inexplicada, você precisa harmonizar-se com seu pai ou com aquele personagem que representou este papel na sua vida (a autoridade masculina).

Se você percebe que sua vida é repleta de obstáculos. Você se esforça e sofre para conseguir tudo e sempre que está prestes a conquistar algo chega um novo obstáculo ainda maior que o primeiro e não sabe de onde podem vir tantos e cada vez mais difíceis de superar?

Harmonize-se com sua mãe ou com aquela personagem que representou esse papel em sua vida (a autoridade feminina).

Eu disse que aprendi isso na Deeksha, a bênção da Unidade, que é um ensinamento advindo da Índia, porém já fazíamos essas práticas na antiquíssima Seicho-No-Ie de origem japonesa.

Em todas as tradições orientais se encontra esse tipo de prática, bem como em todas as tribos indígenas. Mais recentemente, vem se utilizando processos semelhantes para a detecção de problemas familiares recorrentes no ascendente movimento de constelação sistêmica familiar.

Repito: são conhecimentos milenares de domínio público que estavam apenas esquecidos e desprezados. Acredito que, "por ordens de planos superiores", estão ressurgindo no Ocidente por meio de "novas" técnicas canalizadas, para que possamos nos curar de feridas e doenças causadas por nossa própria ignorância e negligência.

Querido leitor, estes são os sete princípios universais. As leis que regem a vida e Tudo no Universo:

1. **Mentalismo**
2. **Correspondência**
3. **Vibração**
4. **Polaridade**
5. **Ritmo**
6. **Causa e Efeito**
7. **Gênero**

Você acaba de fazer sua primeira incursão ao hermetismo de um jeito simples e descomplicado, como a vida pode ser. Parabéns! Você tem agora todos os recursos de que vai precisar para fazer da sua vida uma experiência leve, prazerosa e edificante. Recursos de uma informação compartilhada desde os primórdios da humanidade por grandes filósofos, eruditos pensadores e cientistas renomados. Agora estão em suas mãos! Tome posse disso e empodere-se!

Considerações

Segundo o professor Hélio Couto, terapeuta que estuda e atua baseado na física e na mecânica quânticas, "Se essas sete leis fossem entendidas, todos os problemas desapareceriam, em todos os níveis: globais, nacionais, municipais, sociais, institucionais, familiares e pessoais". Bom, se você perguntar se eu tenho mais uma dica para você, eu responderei que sim! A dica literalmente é a **chamada para a ação!**

A partir de agora, revise suas anotações e passe a usar na vida prática esses ensinamentos, para que não fiquem apenas na teoria.

As sete leis já atuavam na sua vida, mas de forma inconsciente, pois não tinha conhecimento desses princípios universais.

Agora você tem o poder da consciência para colocar esse conhecimento em prática e para tornar ainda melhor sua experiência aqui na Terra.

No yoga, aprendi desde muito pequena que a teoria sem prática não nos leva a lugar algum, assim como o excesso de teoria apenas intoxica a mente.

Mais tarde, quando adulta, percebi na Unipaz a mesma filosofia que nos convida a fazer a holopráxis após a hologia: trazer para o corpo o que acaba de aprender nos estudos teóricos.

Os ensinamentos são realmente memorizados por nossas células quando trazidos para a prática corporal. Se ficar só no seu campo mental, se perderá (a memória será facilmente *deletada*). É para isso que ela serve: *deletar* o que não está sendo usado. Se você trouxer para a prática **tudo que de bom** lê, escuta, assiste no YouTube, nas redes sociais ou estuda nos cursos e conseguir agregar a isso alguma emoção, ficará gravado para sempre!

O conhecimento se transformará gradativamente em sabedoria. A sabedoria vem com a experiência, não vem com livros ou blogues, faculdades ou pós-graduações.

Permita-se. A sabedoria vem com a experiência. Traga tudo para sua vida prática. Experimente!

Se fizer isso, você estará aprendendo e vivendo como os sábios vivem.

Importante...

Bom, se você tiver dificuldades em assimilar e praticar tudo o que falamos, se acha que não vai dar conta de fazer as transmutações necessárias nos seus hábitos e nas crenças que limitam você, **peça ajuda!** Procure um terapeuta ou um *coach* de sua confiança e mãos à obra!

Este trabalho é seu! Lembre-se do **sacro ofício**. Muitos dos conhecimentos do mundo antigo foram desprezados por nossa civilização moderna ocidental. Isso nos custou e custa tempo e milhares e milhares de dólares em pesquisas partindo do zero para comprovar "nossas" novas teorias ou descobertas.

Por pura arrogância, preferimos acreditar que no momento atual somos racionais e inteligentes e que as civilizações da Antiguidade eram formadas por seres primitivos, selvagens e gentios.[7]

---

7. Indivíduo que não professa a fé judaica-cristã, incivilizado, pagão.

Desenho de parede no subsolo do Templo de Hator, na Cidade de Dendera, no Egito. Duas lâmpadas em relevo demonstrando como se obtinha energia para iluminação; consta detalhes do polo negativo, do polo positivo, o filamento central incandescente, a base/soquete, o bulbo da lâmpada, o cabo de alimentação e o djed pilar transformador.

Foto de uma lâmpada decorativa do século XXI.

Não nos demos o trabalho de perceber que nas pedras da Antiguidade estão gravadas suas medicinas, suas ciências, suas organizações sociais, políticas e religiosas.

Deveríamos aprender a partir delas. Há textos gravados em papiros com hieróglifos desde os primórdios, ali estão escritas coisas que se vem "redescobrindo" recentemente, por exemplo, que tudo vibra, que tudo é vivo.

Estão gravados ensinamentos sobre psicologia e parapsicologia, mapas perfeitos do firmamento, localizando com exatidão corpos celestes, constelações distantes e galáxias, deixando-nos a prova de que havia uma ciência que hoje chamamos de astronomia e astrologia, que é a parte energética que estuda as influências dos movimentos no cosmos, em nós e na Terra.

Foto de uma das paredes com texto em hieróglifos, baixo relevo do Templo de Hórus na cidade de Édfu, Egito.

Estão gravados desde os conhecimentos da alquimia, que hoje chamamos de química, que nada mais é do que alquimia empobrecida e reduzida a estudo de coisas materiais. Sem falar dos registros de sua avançada medicina com cirurgias e tratamentos complexos.

Fico pensando no quão poderíamos estar evoluídos se tivéssemos considerado toda aquela sabedoria e se tivéssemos partido dali para nossas pesquisas, em vez de de termos dizimado populações, apagado todo o legado e começado do zero...

Fica a reflexão, caro leitor. Devemos aprender a transmutação, porém jamais ignorando a sabedoria dos que vieram (nasceram) primeiro. Quem veio primeiro, esses mestres, médicos do passado, sacerdotes, cientistas da Antiguidade, astrônomos, astrólogos, sábios arquitetos que construíam templos e catedrais de um jeito que ainda hoje não sabemos imitar, como também seu pai, sua mãe, seus avós, seus bisavós e assim por diante.

Quando aprendermos a honrar os mais antigos, honrar nossos ancestrais e seu legado, adquiriremos o nosso direito de exercer o poder que nos cabe. Entenderemos o quão poderosos somos e, como os mestres, conseguiremos dominar a arte da transmutação mental.

Saberemos que somos capazes de alterar as condições do nosso Universo, energética, mental e materialmente. Ou seja, você será capaz de produzir fenômenos com sua ciência mental. Reforçando: como disse um sábio habitante da Terra, que viveu há dois mil anos e que esteve no Egito estudando com tais mestres para aprender a fazer o que fazia: "Em verdade, em verdade, vos digo: Aquele que crê fará as obras que eu faço, e as fará maiores do que estas." (Jesus, o Cristo)

Quando formos capazes de nos reconciliar (em nossas mentes e em nossos corações) todos os paradoxos e opostos que existem entre o Céu e a Terra, todas as coisas nos parecerão fáceis e amigáveis. Reconcilia-te!

Namastê

Gratidão pela oportunidade de poder compartilhar com você as leis que incorporei desde muito cedo na minha vida. Sou grata a esses mestres que, há milênios, criaram, aos que registraram e a todos que vieram depois e perpetuaram esse conhecimento para que chegasse ainda hoje em nossas mãos.

Desejo sucesso nesta sua empreitada. Saiba que você está sendo iniciado em hermetismo, e o convite agora é para se tornar um alquimista da consciência como eu. Essa é antes de tudo uma plataforma de autoconhecimento, de auto-observação, autoavaliação e autolapidação.

Seja bem-vindo ao novo Universo de oportunidades e de facilidades que você criou. Parabéns pela escolha!

Traga a responsabilidade da sua vida e da sua felicidade para você. Apenas você tem esse poder nas mãos. Não o entregue nunca mais a ninguém, não procure culpados. Eles não existem! Você é 100% responsável por tudo que atrai para sua vida.

Tudo de que você precisa para crescer e evoluir como ser humano chegará até você. E sempre será para o seu bem. Sempre é. Aprenda com cada lição, anote os aprendizados de cada dia e nomeie cada lição com a lei empregada em cada experiência. Esse será o seu Sacro Ofício (seu trabalho sagrado, seu prazer de casa).

O sentido da vida é a evolução, é nos tornarmos a cada dia uma pessoa melhor. É aprendermos a Ser Humanos.

O trabalho começa aqui e agora.

Namastê, eu sou Rovani Ferreira, aprendiz.

Estou à disposição.

Sobre a Autora

Rovani Ferreira é instrutora de Swásthya yoga e meditação; professora, turismóloga, guia de turismo, facilitadora de viagens e grupos holísticos, terapeuta, *life coach* e empresária. Presta trabalhos voluntários como membro da Diretoria e do Conselho Gestor na Unipaz (Universidade Internacional da Paz); embaixadora do Congresso Brasileiro de Autoconhecimento Vida e estudante e palestrante na Fraternidade Branca, escritora, peregrina e jardineira.

Nascida em uma unida família, que foi muito bem "escolhida" antes de nascer. Filha de pai maçom Grau 33 no Rito Brasileiro, empreendedor e próspero comerciante, dedicou-se ao Direito e fez carreira primeiro como advogado e depois como promotor de Justiça. Hoje, aposentado dessa área, continua atuante empreendedor apenas por *hobby*. Sua mãe é membro da Rosa-Cruz, também do último grau, foi professora de educação física (hoje aposentada) e de yoga, ainda atuando nessa área. Rovani tem dois irmãos mais velhos, um é mestre em yoga, doutor em homeopatia, bioquímica e farmácia e tecnologia de alimentos; o outro é Grau 33 na Maçonaria, é cirurgião-dentista, mestre e doutor em endodontia. Essas pessoas ensinam muito sobre a vida em harmonia, e mais do que Mestres, são verdadeiras inspirações e exemplos nas quais procura se espelhar.

Seu companheiro há três décadas, também maçom no REAA, foi na juventude colega de faculdade, assim como hoje é de trabalho;

são muito parceiros nos *hobbies*, como acampamentos, esportes na natureza, como trilhas, remo e bicicleta.

Rovani é mãe de uma filha surda, cuja graduação é de licenciatura plena em Letras-Libras, pela Universidade Federal de Santa Catarina, com proficiência pelo MEC em Língua Brasileira de Sinais e ativista em acessibilidade e inclusão social.

Tem quatro sobrinhos, que como os demais dessa família, também são muito estudiosos e profissionais dedicados, motivo de satisfação e alegria.

Por essas e outras "coincidências", entende-se a afinidade e a fascinação por estudos, meditação, viagens e esoterismo.

Na adolescência, sonhava em ser diplomata, representar o Brasil e morar em diversos países. A vida, no entanto, tinha outros planos para ela: foi mãe aos 16 anos e estudou turismo e hotelaria. Encantada pelo ramo, conseguiu estágios em importantes empresas hoteleiras, *resorts*, secretaria de turismo e Embratur. Fez especialização na Espanha e formou-se colando grau de bacharel em Turismo e Hotelaria. Agregou a carreira acadêmica aos estudos esotéricos e holísticos com inúmeros cursos em diversas terapias quânticas. Formou-se em Transdisciplinaridade Holística em Educação, Saúde e Cultura de Paz pela Unipaz. Hoje em dia, além de palestrante, facilita grupos de viagens iniciáticas a lugares sagrados do planeta.

Vive confortavelmente em Balneário Camboriú, no Sul do Brasil, onde, com a ajuda de seu companheiro, administra uma empresa de artigos litúrgicos e esotéricos fundada por seu pai em 1997.

Sempre foi fascinada pelos assuntos dos "adultos". Acompanhava os estudos dos pais, pedindo para ir junto nessas atividades. Assim, aos 8 anos, fez o curso de controle mental do Método Silva Mind Control, cujas técnicas aplicadas lhe renderam várias "conquistas", como, por exemplo, infiltrar-se numa viagem improvável para o Rio de Janeiro e fazer com a mãe, aos 9 anos de idade, o seu primeiro curso de formação de instrutores de Swásthya Yoga, também como assistente, formação que, ao atingir a idade necessária, formalizou e continuou por anos a fio. Na infância também fez balé clássico, patinação e piano; apesar de apreciar muitíssimo as artes, seguiu outros rumos. Fez magistério, obtendo habilitação à alfabetização e Ensino Fundamental. Apesar disso, sempre voltava aos assuntos metafísicos e transcendentais, como meditação, que mais tarde a levaria aos estudos herméticos e às peregrinações ao Egito e à Índia. No entanto, não foi a esses países para estudar, e sim para transmitir ensinamentos e facilitar vivências avançadas em meditação e expansão da consciência aos grupos que conduz.

Entre uma palestra e outra, entre uma meditação e outra, entre um seminário e outro, entre uma viagem e outra... eis que o Universo a conduz a uma parada estratégica (férias forçadas) de 60 dias com o pé quebrado para, finalmente, escrever o seu sonhado e não planejado primeiro livro.

Meus Contatos:

e-mail: contato@rovaniferreira.com
Site: www.rovaniferreira.com

Redes Sociais:

Instagram: @rovani_ferreira
Canal YouTube: https://www.youtube.com/channel/UCYx-991JabRZB73L9lOGT9FQ

Facebook:

Pessoal: https://www.facebook.com/rovani.ferreira
Consultório Terapêutico: https://www.facebook.com/espacorovaferr/
Livraria/Loja https://www.facebook.com/triangulomacom/

Loja Virtual: https://www.trianguloatelier.com.br/
Voluntariado:
Universidade Internacional da Paz:
Turma XVI UNIPAZ- Educaçãoe Cultura de Paz:
https://www.facebook.com/Turma16UnipazSC/

Voluntariado:

Fraternidade Aulas Palestras Meditações: https://www.facebook.com/fraternidadefilhosdeorion/

Referências

DEWEY, R. Edward. *Ciclos: as forças misteriosas que guiam os fatos.* Rio de Janeiro: Record, 1970.

GEBRAN, Ginés. *Pitágoras: Santos.* São Paulo: Litero Técnica 1989.

INSTITUTO DE ANTIGUIDADES DE ISRAEL (IAA). *Pergaminhos do Mar Morto: um legado para a humanidade.* Calina Projetos Culturais, [s/d].

SCHURÉ, Édouard. *Os Grandes Iniciados.* São Paulo: Martin Claret, 1986.

RODRIGUES, Roger. FIB – Felicidade Interna Bruta. *Mundo Educação*. Disponível em: <https://mundoeducacao.bol.uol.com.br/geografia/fibfelicidade-interna-bruta.htm>. Acesso em: 20 jul. 2019.

OS TRÊS INICIADOS. *O Caibalion: uma iniciação ao hermetismo.* Tradução e organização de Rafael Arrais. [e-book]. 2018.

OS TRÊS INICIADOS. *O Caibalion: estudo da filosofia hermética do Antigo Egito e da Grécia.* São Paulo: Pensamento, [s/d].

TRISMEGISTO, Hermes. *Corpus Hermeticum: discurso de iniciação.* Santos, SP: HEMUS, 1978.

Imagens
Google imagens
http://pixabay.com/
https://unsplash.com/

MADRAS Editora

Para mais informações sobre a Madras Editora,
sua história no mercado editorial
e seu catálogo de títulos publicados:

Entre e cadastre-se no site:

www.madras.com.br

Para mensagens, parcerias, sugestões e dúvidas, mande-nos um e-mail:

marketing@madras.com.br

SAIBA MAIS

Saiba mais sobre nossos lançamentos,
autores e eventos seguindo-nos no facebook e twitter:

@madrased

/madraseditora